PURE NARD

www.purenard.co.kr

PURE NARD
www.purenard.co.kr

사사기 주해

그리스도인의 심오한 삶에 적용시킨 묵상과 설명

Jeanne Guyon

Judges / Jeanne Guyon

All new material in this edition
Copyright © by SeedSowers Publishing House
Printed in the United States of America
Published by The seedSowers
P.O. Box 3317 Jacksonville, FL 32206

Korean Translation Copyright © 2006 by Pure Nard
2F 16, Eonju-ro 69-gil Gangnam-gu, Seoul, Korea

The Korean edition is published by arrangement with The SeedSowers.
All rights reserved.

본 저작물의 한국어판 저작권은 The SeedSowers와의 독점 계약으로 한국어 판권은 '순전한나드'가 소유합니다. 저작권자의 허락없이 이 책의 일부 또는 전체를 무단 복제, 전재, 발췌하면 저작권법에 의해 처벌을 받습니다.

원문 직역 후 영어의 의미를 살려 우리말 어법에 맞게 이해하기 쉽도록
세밀하게 다듬었음

사사기
Jeanne Guyon
JUDGES
annotation

PURE NARD

목 차

제 1 장 9

제 2 장   25

제 3 장   37

제 4 장   49

제 5 장   63

제 6 장   69

제 7 장   85

제 8 장   93

제 13 장   96

제 14 장   98

제 15 장   100

제 16 장 107

편집자 주

잔느 귀용은 이 책에서 매장 매절을 주해하는 대신 특정한 구절들을 선택해서 설명하였다.

제 1 장

사사기 1:5
또 베섹에서 아도니베섹을 만나서 그와 싸워 가나안 사람과 브리스 사람을 죽이니

이스라엘 원수들의 왕인 아도니베섹을 크리스천의 신령한 삶에 적용하면, 자기애와 탐욕의 전형(典型)으로서 그것들이 우리의 마음을 지배할 때 갖가지 고통을 일으키게 됨을 극명하게 보여준다. 이 자기애와 탐욕으로 인해 우리의 마음은 죄에 항복하게 된다. 성경의 모든 구절구절에서 나타나는 표현들은 늘 경이롭다. 본 구절은 히브리인들이 아도니베섹과 싸웠을 때 가나안 사람과 브리스 사람을 죽였다고 했다. 이 사실은 우리에게 하나의 위대한 진리의 빛을 비춰주는데, 우리가 자기애와 탐욕과 싸워 이길 때 그 외에 다른 영혼의 원수들이 우리에게 굴복한다는 것이다. 그것은 원수 마귀가 사람들을 쓰러뜨리는 힘의 근원이 이 자기애와 탐욕에 있기 때문이다.

사사기 1:6
아도니 베섹이 도망하는지라 그를 쫓아가서 잡아 그 수족의 엄지가락을 끊으매

본문에 "아도니베섹이 도망하는지라"라고 되어 있다. 자기애와 탐욕이 예수 그리스도의 강력한 영적무기들에 의해 공격을 받자마자 그들은 대항할 능력을 상실하고 재빨리 도망치지만 우리는 후퇴하는 그들을 추격해야한다. 왜냐하면 이 끔찍한 왕이 죽지 않고 생존해 있는 한 그는 곧 다시 제 2차 전쟁을 일으키기에 충분한 힘을 규합할 것이기 때문이다. 예기치 않고 있다가는 더욱 위험한 상황에 직면할 것이다. 그뿐 아니라 어쩌면 아도니베섹의 패주는 그를 더욱 강하게 만들어 줄 것이다.

사사기 1:7
아도니베섹이 가로되 옛적에 칠십 왕이 그 수족의 엄지가락을 찍히고 내 상 아래서 먹을 것을 줍더니 하나님이 나의 행한 대로 내게 갚으심이로다 하니라 무리가 그를 끌고 예루살렘에 이르렀더니 그가 거기서 죽었더라

많은 왕들의 수족에서 엄지가락을 잘라냄으로서 그들의 선행과 힘을 제거해 버리고 모든 선한 행실을 타락시킨 이 잔인무도한 왕은 곧 자기애와 탐욕에 비유된다. 이것은 자기애가 죽지 않고 살아있는 한 겉으로 드러나 보이는 모습이 아무리 거룩해보일지라도 그 영혼 안에 순결의 덕목은 없다는 것을 보여준다. 그러므로 원수의 패배 후에도 할 일이 있다. 우리는 그 원수를 예루살렘에까지 데리고 가야하는 것이다. 이것의 의미는 우리의 영혼이 예수 그리스도로부터 치명타를 받아야 한다는 것이다. 오직 주님만이 영혼 속에 죽음을 가져다 줄 수 있다.

사사기 1:8
유다 자손이 예루살렘을 쳐서 취하여 칼날로 치고 성을 불살랐으며

여호수아에 의해 인도된 모든 백성들이 감히 할 수 없었던 그 일을 예수 그리스도의 모형인 유다가 아름답게 성취했다. 그는 예루살렘성을 공격하였고, 점령하였고 그 성을 정화시켜 그 백성들을 그곳에 정착시켰다. 여기서 예루살렘은 하나님 안에 거하는 영혼을 위한 달콤한 평안의 거처를 의미하는데 그것은, 오직 예수 그리스도만이 가져다줄 수 있으며 그분 안에서 그 영혼들은 해방되고 그의 품안에 그 영혼들을 숨겨주신다. 예수 그리스도는 그의 보혈로서 이 권리를 획득하셨다.

사사기 1:9
그 후에 유다 자손이 내려가서 산지와 남방과 평지에 거한 가나안 사람과 싸웠고

그 영혼은 원수들이 완전히 추방되기 전까지는 결코 평안을 누릴 수 없다는 사실을 깨닫는다. 그 영혼은 오직 예수 그리스도를 통하여서만 승리를 얻을 수 있다는 사실도 깨닫는다. 그 영혼은 주님께 자신을 이끌어 주실 것을 간청하며 주님의 깃발을 따라감으로서 그의 적들과 용감하게 마주칠 수 있었다. 그 영혼은 먼저 가나안 사람으로 표현된 죄와 싸우게 되는데 그들은 홍수 후에 저주를 받은 가나안에 거하였기 때문이다. 교만이 고고하게 거주하고 있는 높은 산지는 정복되어야만 한다. 그리고 비록 전자보다 덜 두려운 존재이기는 하나 엄청나게 많은 숫자의 귀신들의 처소인 남방의 골짜기가 정복되어야 한다. 교만을 뜻하는 산지와 육체의 음욕인 남방의 귀신들이 죽임을 당해야 비로소 영혼의 안식이 쟁취될 수 있다.

사사기 1:10
유다가 또 가서 헤브론에 거한 가나안 사람을 쳐서 세새와 아히만 과 달매를 죽였더라

이스라엘의 모든 지파가운데서 그들이 싸워 이긴 승리들에 있어서 유다와 비교될 수 있는 지파는 어디에도 없다. 이것은 예수 그리스도가 나가셔서 우리의 원수와 대적하여 싸워 그들을 패배시킴으로 우리를 승리하게 만들어 주셔야 한다는 진리를 보여준다. 다윗의 도성인 헤브론은 예수님과 함께했던 다윗이 산 곳이기에 곧 그 안에 계신 예수님의 거처가 되어야만 했다. 예수님이 그 장소를 선점하시므로 그 곳을 차지했던 죄는 처절하게 멸절 되고 은혜가 풍성히 넘치는 땅이 되어야만 한다.

사사기 1:11
거기서 나아가서 드빌의 거민들을 쳤으니 드빌의 본 이름은 기럇 세벨이라

성경은 유다지파를 하나의 사람으로 말하고 있는데, 그 이유는 유다가 한 분 예수그리스도를 지칭하고 있기 때문이다. 이 권능의 대 정복자가 난폭한 원수들을 파멸시킬 때 그분은 세상의 지식(기럇세벨)과 싸우시는데 그것이 그분의 왕국에서 큰 장애가 됨을 가르쳐 주시기 위함이다. 소위 유식한 사람들은 겸손의 학문, 하나님의 명령에 대한 끊임없는 복종의 학문인 성도의 학문을 배우지 않는다면 하나님의 왕국으로부터 매우 멀어지게 될 것이다. 만약에 그들이 자신의 학문으로 하나님의 비의(秘義)들을 해독하려고 한다면 그들은 더욱 눈멀고 무지하게 될 것이다.

사사기 1:12
갈렙이 말하기를 기럇세벨을 쳐서 그것을 취하는 자에게는 내 딸 악사를 아내로 주리라 하였더니

갈렙은 하나님의 지혜에 생명을 부여하기 위해서는 인간의 학문을 패배시켜야 된다는 사실의 중요성을 알았다. 그래서 그는 누구든지 학문의 도성을 파멸시키는 자에게는 자신의 딸을 주겠다고 약속했다. 갈렙은 정탐꾼들이 그들의 추론을 좇으려

할 때 사랑과 자신감을 가지고 사람들을 고무시켰다. 그러므로 갈렙의 딸은 우리로 하여금 모든 것을 정복하고 우리의 원수들을 파멸시킬 수 있게 하는 하나님 안에서의 자신감을 뜻한다.

사사기 1:13
갈렙의 아우요 그나스의 아들인 옷니엘이 그것을 취한 고로 갈렙이 그 딸 악사를 그에게 아내로 주었더라

희망은 믿음의 형제이다. 희망만 있으면 담대함과 열정이 온다. 옷니엘은 승리에 대한 희망을 가졌고 그는 승리하였다. 그러므로 그는 하나님 안에서의 신뢰의 모형인 악사와 결혼할 수 있었다. 주님을 신뢰하는 자에게는 결코 패배가 있을 수 없다.

사사기 1:14
악사가 출가할 때에 그에게 청하여 자기 아비에게 밭을 구하자 하고 나귀에서 내리매 갈렙이 묻되 네가 무엇을 원하느냐

신앙은 그가 신뢰하는 그분 안에 거하고 있다. 그녀는 그와 연합하는 과정에서 열정이 그녀를 일깨우고 고무시켰으며, 지금 그녀가 소유하고자 하는 것을 그녀의 아버지께 요구하지 않는다면 모든 것을 잃어버릴지도 모른다. 그녀는 밭을 구하였는데 밭은 성실성을 의미한다. 그런데 그녀는 그것을 어떻게 구하였는가? 그녀는 여러 말을 할 필요가 없었고, 그녀가 구하기 전에 그녀에게 필요한 것을 아버지가 알고 있다는 점을 상기시켰다. 그녀는 모든 것을 얻기를 기대하며, 그것을 제것이라 주장하지 않았고, 그녀는 구하고자 했던 것보다 더 많은 것을 얻게 되었다.

사사기 1:15
가로되 내게 복을 주소서 아버지께서 나를 남방으로 보내시니 샘물도 내게 주소서 하매 갈렙이 윗샘과 아랫샘을 그에게 주었더라

드디어 그녀는 축복을 구하였다. 열정과 신뢰는 자아포기를 가져오는데 이는 기이한 것이다. 자기포기가 하나님의 손안에 있을 때, 영원한 산으로부터 우리의 겸손과 무가치의 낮은 골짜기로 흘러내리는 은혜의 맑은 물로서 물댄 비옥한 땅이 된다.

사사기 1:16
모세의 장인은 겐 사람이라 그 자손이 유다 자손과 함께 종려나무 성읍에서 올라가서 아랏 남방의 유다 황무지에 이르러 그 백성 중에 거하니라

종려나무의 성읍은 여리고를 가리킨다. 이 성읍이 이 이름을 얻게 된 것은 인간의 연약함 위에 거저 주어진 하나님의 능력으로 말미암은 역사상 가장 주목할 만한 전쟁의 승리 때문이었다. 겐 사람은 다수의 무리들에 의해서 부패되지 않기 위해 광야에서 스스로를 분리시켰던 유다의 자손들과 연합한다. 이것이 우리에게 교훈하는 바는 우리는 예수님이나 예수님을 가장 사랑하는 사람들을 선택하는 고독을 더 좋아해야 한다는 것이다.

사사기 1:17
유다가 그 형제 시므온과 함께 가서 스밧에 거한 가나안 사람을 쳐서 그 곳을 진멸하였으므로 그 성읍 이름을 호르마라 하니라

은혜와 죄는 결코 함께 공존하지 못한다. 우리가 고독 속에서 평안 얻기를 바란다면 죄는 전적으로 진멸되어져야만 한다. 바로 이것이 유다와 시므온이 가나안 사람을 쳐서 진멸하였던 이유이다. 이것이 하나님께서 우리에게 요구하시는 일로서 죄를 없이함으로 전적으로 그분의 은혜의 도움을 받게 되는 것이다. 이것이 우리에게 가르치는 교훈은 오직 유다만이 하나님의 원수들을 진멸하였고 다른 이스라엘 자손들은 그들을 살려두어 함께 살게 만들었다는 것이다. 나중에는 그들이 살려둔 적들이 그들의 고통의 원인이 되었고 그들의 내적인 삶을 전적으로 황폐하게 만들었다.

사사기 1:18
유다가 또 가사와 그 경내와 아스글론과 그 경내와 에그론과 그 경내를 취하였고

우리가 죄를 진멸하려고 하는 용기를 넉넉히 구비할 때에 하나님은 여러 가지 또 다른 승리들을 허락하신다.

사사기 1:19

여호와께서 유다와 함께하신 고로 그가 산지 거민을 쫓아내었으나 골짜기의 거민들은 철병거가 있으므로 그들을 쫓아내지 못하였으며

본문의 유다와 같이 예수 그리스도 안에서 싸우는 사람들에게는 그분의 임재와 그분의 사랑을 맛볼 수 있는 보상이 주어진다. 그 때에는 어떤 노력 없이도 높은 산지들을 정복할 수 있다. 이것이 의미하는 것은, 그들이 수많은 노력을 통하여 얻을 수 없었던 그것을 그분의 임재에 대한 친밀한 교제를 통하여 하나님이 그들에게 주시기 때문에 그들의 생각으로 분투노력할 필요가 없다는 것이다. 그러나 그들은 골짜기에 거하는 거민들을 진멸하지 못했다. 이것은 하나님께서 때때로 우리의 약점과 결점들을 파괴되지 않은 채로 그대로 내버려 두신다는 것이다. 왜냐하면 그것 때문에 우리 자신의 무가치함을 느끼게 되고, 우리를 사람들 앞에서나 우리 스스로에게도 겸손하게 만들기 때문이다. 본문이 시사하는 의미가 매우 아름답다. 골짜기의 거민들은 철병거를 갖고 있다. 이것은 우리 자신의 완전한 죽음에 기여하기 위해 이러한 굴욕들을 남겨두고 있다는 것이다.

사사기 1:20
무리가 모세의 명한 대로 헤브론을 갈렙에게 주었더니 그가 거기서 아낙의 세 아들을 쫓아내었고

우리가 믿음을 대표하는 인물로 상정한 갈렙은 아낙의 아들들을 쫓아내었다. 그들은 갈렙을 가장 반대하는 원수들이었다. 믿음은 신뢰, 포기, 소유욕의 제거를 이끌어낸다. 믿음에 대하여 반대되는 원수들은 불신, 이 세상의 생활에 대한 지나친 염려, 그것이 영적인 것이든 자연적인 것이든 간에 과도한 집착 등이다.

사사기 1:22
요셉 족속도 벧엘을 치러 올라가니 여호와께서 그와 함께 하시니라

우리는 우리의 최대 원수인 마귀, 이 세상, 육체와 대적해서 싸우러 나가야 한다. 그러나 반드시 우리는 주님과 함께 가야 한다. 이것이 신속하게 승리하는 비결이다. 만일 우리가 하나님의 임재 가운데 행할 때 주어지는 유익과 그 어느 것과도 비교할 수 없는 행복을 알기만 한다면 우리는 그분의 임재 안에

들어가기 위하여 끊임없이 애쓰게 될 것이다. 하나님은 아브라함에게 네가 완전하게 되기 위하여 이것을 행하라고 말씀하신다. 다윗은 그것을 실천했고 항상 주님을 자기 앞에 모셨다.

사사기 1:30
스불론은 기드론 거민과 나할롤 거민을 쫓아내지 못하였으나 가나안 사람이 그들 중에 거하여 사역을 하였더라

본 절에 나타난 그리스도인들은 그들의 원수들에 의하여 에워싸여 있었는데도 그들이 자기들에게 복종하기 때문에 자신들이 안전하다고 생각한다. 그들은 자신들의 죄에 대한 지배권을 갖고 있음에도 그것들을 제거하지 않을 뿐만 아니라, 그들이 길들일 수 없는 그 죄가 야수와 같이 자신들을 곧 잡아먹을 것이라고는 생각하지도 않고 있다.

사 1:31-32
아셀이 악고 거민과 시돈 거민과 알랍과 악십과 헬바와 아빅과 르홉 거민을 쫓아내지 못하고 그 땅 거민 가나안 사람 가운데 거하

였으니 이는 쫓아내지 못함이었더라

우리는 본문에서, 헤아릴 수 없는 수많은 적들과 살면서 그들이 마치 친구인 것 같은 확신을 갖고 있는 그리스도인들의 이상한 뻔뻔스러움을 본다. 이렇게 수많은 원수들과 투쟁하며 그들을 정복하기 위해 필요한 도움을 하나님께 요청하는 그리스도인들은 소수에 불과하다. 우리는 '그런데 왜 그 소수의 그리스도인만이 하나님 안에 있는 완전한 안식을 누리고 있는가' 하며 의아해 할 필요가 없다. 왜냐하면 이러한 안식은 우리 안에 있는 그 원수들에 대한 철저한 진멸에 의해서만 얻어지는 것이기 때문이다.

그러므로 우리는 은혜로 말미암아 승리하고 있으므로 주님 안에서 안식하고 있는 그런 사람들과 싸우지 말고 오히려 그들이 누리고 있는 은혜들을 부러워해야하며, 오직 예수 그리스도의 공로를 통해서만 주어지는 것들을 소유하지 못하고 있는 사람들, 그리고 소유욕으로 가득 찬 그들의 부패한 본성 때문에 가장 강력한 존재가 되고 있는 그들의 원수의 멸망을 위해 무언가를 하길 원하는 마음조차 없는 그런 사람들을 부끄러워해야 한다.

사사기 1:34
아모리 사람이 단 자손을 산지로 쫓아들이고 골짜기에 내려오기를 용납지 아니하고

단의 자손들은 범상(凡常)한 그리스도인들보다는 죄로부터 해방되어 더 온전한 삶을 살기 원하는 영혼들을 대표한다. 그들은 기도의 산지에서 살아간다. 그러나 그들은 그 비좁은 장소에서 살면서도 그들의 소유욕 때문에 낮은 골짜기로 내려올 수 없었다. 만약 그들이 철저한 자기부정과 겸허의 골짜기로 내려오려고 했다면 넉넉한 공간과 엄청나게 넓은 땅을 발견하게 되었을 것이다.

사사기 1:35
결심하고 헤레스산과 아얄론과 사알빔에 거하였더니 요셉 족속이 강성하매 아모리 사람이 필경은 사역을 하였으며

요셉은 날마다 강성하게 되어 제일 작은 적들을 정복하였다. 주님이 이 지파와 함께 하셨다. 우리의 적들을 누르는 완전한 승리와 성공은 하나님께서 우리와 함께하시는 그분의 임재

여부에 달려있다. 만약 가장 주요한 적에 대한 우리의 점령이 하나님의 임재를 계속 보유해 나갈 수 있다면 우리는 그 밖에 다른 것들에 대하여도 수월한 승리를 거둘 수 있게 될 것이다. 우리의 원수들이 우리에게 복종하기 때문에 그때는 완벽한 승리를 가져오기에 충분하게 될 것이다.

사사기 1:36
아모리 사람의 지계는 아그랍빔 비탈의 바위부터 그 위였더라

아모리 사람들은 가장 완벽하게 자기애(自己愛)를 대표하고 있는데 그 이유는 가장 신성한 것을 부패시키면서 가장 높은 곳에서 거주하고 있기 때문이다.

제 2 장

사사기 2:2
너희는 이 땅 거민과 언약을 세우지 말며 그들의 단을 헐라 하였거늘 너희가 내 목소리를 청종치 아니하였도다 그리함은 어찜이뇨

　하나님은 당신과의 친밀한 교제를 위하여 우리를 부르셨다. 이 목적을 위하여 우리는 창조되고 구속되었다. 그분은 어떤 영혼들에게는 그분의 임재의 심오한 즐거움을 선사하신다. 그것은 장차 주어질 축복의 모형이다. 그러나 이 축복은 오직 우리가 전장에서 논의한 우리의 원수들과 영원히 이혼한다는 조건하에서만 주어지는 것이다. 우리가 살고 있는 이 땅은 부패한 본성으로 가득찬 땅이다. 하나님은 거기서 나온 열매인 죄를 쫓아내기 원하신다. 자기애는 반드시 파괴되어야 할 하나의 제단이다. 자기애와 제단파괴, 이것은 그의 보혈을 통하여서라면 너무나 쉬운 일이다. 주님은 이 원수들을 우리의 손에 넘겨주셨다. 그럼에도 우리는 그 원수들이 살아남을 수 있도록 허락하고 있다. 어떻게 하여 그렇게 되는가? 하나님은 말씀하신다. 우리가 그분의 음성 듣기를 원하지 않기 때문이라고. 우리 인생의 전적인 행복과 불행은 여기에 달려 있다. 만약 우리가 하나님의 음성을 귀 기울여 듣기만 한다면 이 원수들을 없애버리는 방법들을 하나님이 지시해 주실 것이다. 만약 우리가 그의 음성을 듣지 않는다면 우리는 반역상태에 머물러 있게 되고, 우리 마음은 강퍅해진다. 그분은 우리가 그분의 안식에 들어갈 수 없도록 우리에게 진노하실 것이다.

사사기 2:3
그러므로 내가 또 말하기를 내가 그들을 너희 앞에서 쫓아 내지 아니하리니 그들이 너희 옆구리에 가시가 될것이며 그들의 신들이 너희에게 올무가 되리라 하였노라

본문은 우리가 성실하게 그분의 음성에 귀 기울이고 그분과의 동맹을 지키고 그분과 연합한다면 그분 스스로 우리의 원수들을 진멸하실 것이라는 확신을 갖게 해 주기에 충분하다. 그분 스스로 우리의 모든 원수들을 진멸하신다. 이 사람들이 섬기는 신들이 무엇인가? 그것들은 육신의 정욕과 안목의 정욕과 이생의 자랑들이다. 이 세 가지는 거의 모든 사람들이 숭배하는 지상의 신들이다. 사람들은 그 신들을 추종하며 복종한다. 그들은 하나님의 음성을 듣지 아니하고 육체의 교만한 소리만을 듣는다. 이로 인해 그들은 가련하게도 한 죄에서 또 다른 죄들로 빠져들다가 결국에는 망하게 되는 것이다.

사사기 2:4
여호와의 사자가 이스라엘 모든 자손에게 이 말씀을 이르매 백성이 소리를 높여 운지라

하나님은 그 영혼의 죄가 무엇인지 경고하시고 친히 보여주신다. 그는 그의 사자, 즉 하나님의 종들을 통하여 경고하시며 어떤 영감을 통하여 경종을 울리신다. 그분은 그분 스스로 깨뜨릴 수 없는 이 동맹에 대한 표식을 자기 속에 지니고 있는 사람과 동맹을 맺으신다. 그러므로 그분은 그를 자기에게 돌아오게 하기 위하여 갖가지 방법을 사용하시며 그가 회개하고 울며 지난날의 방황에 대하여 통곡할 때에 그는 그에게 그의 긍휼을 보여주신다. 오, 무한한 자비시여! 당신에게 복종할 수 없을 정도로 굳은 사람이 누가 있겠는가? 또한 당신을 두려워하지 않을 정도로 정신 나간 사람이 누가 있겠는가?

우리는 하나님의 계획과 우리 영혼의 성실함을 따라 은혜와 사랑의 연합을 위하여 부르심을 받았다. 이 연합은 하나님이 살아계시는 한 변개(變改)할 수 없이 그대로 유지된다. 그러나 이 동맹이 유지되기 위해서는 죄와 소유욕인 우리 영혼의 원수들과의 연합은 결코 있어서는 안 되는데 그것은 한 가지 조건에 달려있다. 우리 모두는 이 두 가지 원수 중 첫 번째인 죄와 헤어져야 한다는 점에서는 동의한다. 그러나 두 번째 원수인 소유욕에 관하여는 그가 그대로 살도록 내버려 두거나 아주 소수의 사람들만이 그 원수가 떠나게 만든다. 소유욕은 때때로 우리의 친구가 되며 우리는 그것에 매우 가깝게 연결되어 있다. 그러나 이 원수 때문에 우리의 내면의 삶은 점차적으로 황폐해지는 것이다. 대부분의 사람들은 소경이 되어버린다. 첫 번째 원수인 죄가 멸하여진 뒤에도 그들은 소유욕과는 든든한 동맹관계를 맺어 나가는 것이다. 그들은 그들 스스로를 완전히 노출시키도록 허락하지 않는다. 그들은 자신들이 생각하기에 덜 중요한 것들을 유보함으로서 나중에 그들의 생애에 끝까지 그들을 괴롭힐 것들을 남겨두는 것이다.

우리는 영혼들안에서 그런 고통들을 보면서도 그 원인을 발견하지 못한다. 그들은 그들이 위험하다고 믿지 않는 원수들을 보존시켜 살며, 결국 이것은 어떤 사람의 내면생활에 있어서의 정체 모를 고통스러운 상황의 주된 원인이 되는 것이다. 오, 환난가운데 있는 불쌍한 영혼이여! 여러분은 그렇게 자주 하나님은 질투하시는 하나님이시라는 말씀을 듣고도 기억하지 못하는가? 그들이 자신들의 과오를 깨달았을 때 그들은 울며 통곡한다. 그러나 이미 때는 너무 늦었다. 그들은 눈물 속에 자신들의 과오로 인하여 잃어버린 평온을 결코 발견하지 못한 채로 인생을 마감한다. 이 깨달음이 우리에게 보여주는 것은 그리스도인의 완전함에 관한한 각자 정도의 차이가 있으며 어떤 영혼들은 다른 영혼들보다 더 앞서 나가고 있다는 사실을 보여준다.

사사기 2:6
전에 여호수아가 백성을 보내매 이스라엘 자손이 각기 그 기업으로 가서 땅을 차지하였고

회개가 진실하게 드려질 때에 그 회개하는 자를 받으시는 그분의 선하심은 실로 크다. 그들은 자신들의 죄 용서와 하나님의 온전하심에 대한 확증을 받으며 평안 중에 나아간다. 그들은 각각 그들의 땅으로 갔다. 비록 하나님의 인도하심은 모든 사람에게 공평하시지만 각각의 영혼에 대하여 어떤 특별한 것이 있다. 각 사람이 소유할 기업이 있는데, 즉 각각의 영혼이 싸워야 할 대적이 그 기업인 것이다. 하나님의 안식과 즐거움은 모든 이스라엘 백성에게 주어진 약속의 땅이다. 하지만 하나님은 각자의 믿음과 은사만큼 각자에게 나누어 주신다.

사사기 2:8-9
여호와의 종 눈의 아들 여호수아가 일백 십세에 죽으매 무리가 그의 기업의 경내 에브라임 산지 가아스산 북 딤낫 헤레스에 장사하였고

여호수아는 그에게 약속되었던 안식을 소유하였고 거기에 묻혔다. 하나님의 가슴은 우리가 영원무궁토록 묻혀있는 우리의 영원한 거처인 것이다. 그것이 바로 성경이 성도의 죽음에 대하여 말할 때 주 안에서 죽는다고 말하는 이유이다.

사사기 2:10
그 세대 사람도 다 그 열조에게로 돌아갔고 그 후에 일어난 다른 세대는 여호와를 알지 못하며 여호와께서 이스라엘을 위하여 행하

신 일도 알지 못하였더라

사람의 모든 불운은 하나님을 알지 못하며 그를 사랑하고 전심으로 찾는 이들을 위하여 예비한 그분의 자비를 모르는데서 온다.

사사기 2:14
여호와께서 이스라엘에게 진노하사 노략하는 자의 손에 붙여 그들로 노략을 당케 하시며 또 사방 모든 대적의 손에 파시매 그들이 다시는 대적을 당치 못하였으며

인간을 향한 하나님의 진노의 결과 중 가장 끔찍한 것은 자기 백성을 그의 원수의 먹잇감이 되게 하는 것이다. 그가 그의 능력이신 하나님으로부터 물러가는 즉시 자신을 예속시킬 적들의 희생물이 되게 하는 것이다. 그 때 그는 자신을 방어할 수도 없고 그것에 저항할 수도 없는 죄에 팔리게 된다.

사사기 2:17
그들이 그 사사도 청종치 아니하고 돌이켜 다른 신들을 음란하듯

좇아 그들에게 절하고 여호와의 명령을 순종하던 그 열조의 행한 길을 속히 치우쳐 떠나서 그와 같이 행치 아니하였더라

   진정한 간음이라고 할 수 있는 마음 속에서부터의 우상숭배가 여기에 있다. 그것은 자기 자신의 보혈이라는 대가를 지불하여 그를 소유하고 또 그에게 소유 당하였던 하늘의 신랑으로부터 그 마음이 떠나간 것을 말한다. 그들이 하나님께 빚지고 있는 것을 비용으로 지불하고서 부당하게 피조물들을 사랑하는 모든 사람들은 우상숭배자나 간음자이다. 왜냐하면 그들은 자신들이 사랑하는 것을 경배하기 때문이다. 바울은 탐심을 우상숭배로 부르고 있다. 예수 그리스도 또한 이렇게 말씀하시지 않으셨는가? "네 보물이 있는 곳에 네 마음도 있느니라"

사사기 2:20
여호와께서 이스라엘에게 진노하여 이르시되 이 백성이 내가 그 열조와 세운 언약을 어기고 나의 목소리를 청종치 아니하였은즉

   하나님의 선량하심을 무시하는 것은 그의 격노의 불을 불붙게 한다. 그분의 사랑의 거룩한 불에 타오르지 않는 자는 그의 진노의 불에 의하여 진멸될 것이다. 하나님의 은혜가 어떤 사람들에게는 더욱 두드러지게 나타나는 반면에 더욱더 어떤 사람들에게는 그분의 신뢰를 오용함으로 말미암아 모욕을 받으신다. 하나님은 그분 자신이 보상이 되시는 동맹관계를 우리와 함께 세우신다. 그분은 어떤 기대도 없이 그분 뜻을 준행하고 맹목적으로 복종할 것을 요구하시고, 그런 후에, 그분 자신을 우리에게 주신다. 오, 무한한 보상이여! 그는 죽음보다 더 어려운 계명에 대해 분명하게 복종히였던 아브라함에게 말씀하셨다. "나는 너의 지극히 큰 상급이니라"

다음으로 하나님을 매우 불쾌하게 만드는 것은 그의 목소리를 경청하지 않을 때이다. 우리가 귀기울여 경청하지 않는다면 어떻게 그분의 음성을 들을 수 있겠는가? 우리 안에서 말씀하시는 주님을 경청하는 것이 모든 선의 근원이다. 이것은 다윗이 실제로 경험했던 것이다. '내가 하나님 여호와의 하실 말씀을 들으리니(시85:8)' 라고 다윗은 말한다. 모든 사악함은 내면에 말씀하시는 하나님의 음성을 듣지 않는 데서 온다.

사사기 2:21
나도 여호수아가 죽을 때에 남겨둔 열국을 다시는 그들의 앞에서

하나도 쫓아내지 아니하리니

하나님께서 우리를 올바른 길로 인도하도록 우리에게 주신 지도자를 거두어 가실 때 그분 스스로 우리의 진보에 방해가 될 수 있는 모든 것을 진멸하신다. 그러나 만약 우리가 그분과의 계약을 소홀히 여긴다면, 우리가 그분의 신성한 뜻에 우리 자신을 내맡기지 않는다면, 우리가 고요함과 기도 가운데 그분의 음성을 듣지 않는다면, 그분은 우리들의 원수들의 종말을 보게 하지 않으신다. 우리는 하나님의 뜻에 복종함으로 말미암아 오는 달콤한 자유를 떠나서 우리 자아의 의지의 능력 아래에 머무르고 있다. 자아의 의지는 그 원수와 함께 그 자신의 방황 가운데 남겨진다. 이것이 곤혹스럽게 보이는 이 내면의 격렬한 투쟁으로부터 나오는 계속적인 유혹의 이유이다. 소름끼치는 어둠이 오고 평화와 고요함은 완전히 사라진다.

사사기 2:22
이는 이스라엘이 그 열조의 지킨 것같이 나 여호와의 도를 지켜 행하나 아니하나 그들로 시험하려 함이라 하시니라

그러나 하나님은 어떻게 사람들에게 손해를 끼치는 것처럼 보여 지는 것들을 통해 사람들을 시험하실 수 있는가? 하나님을 사랑하는 자에게는 모든 것이 합력하여 선을 이루는 것이다. 그들 자신의 잘못된 반응으로 말미암아 죄인을 파멸에 빠뜨리는 고통과 유혹은 하나님의 의로우신 인도하심으로 말미암아 의인들을 구원하실 것이다. 오직 유혹을 통해서만 우리는 죄인들로부터 의인을 구분해 낼 수 있다.

사사기 2:23
그 열국을 머물러두사 속히 쫓아내지 아니하시며 여호수아의 손에 붙이지 아니하셨음이 이를 인함이었더라

하나님은 그의 종들을 순간적으로 완전하게 만드실 수 있지만 그렇게 하지 않으신다. 어떤 사람은 격렬한 투쟁을 통하여 성화되어진다. 다른 사람들은 그들의 타락된 본성이 초래한 외부로부터의 굴욕에 의하여 성화되어진다. 어떤 사람들은 그들이 살고 있는 환경 속에서 필요한 계속적인 희생을 통하여 성화되어진다. 그 사망의 검(劍)은 하나님의 손 안에서 생명의 샘이 된다.

제 3 장

사사기 3:1
여호와께서 가나안 전쟁을 알지 못한 이스라엘을 시험하려 하시며

하나님에 의해 친히 인도 받는 하나님의 백성인 이스라엘 사람들은 하나님의 인도하심에 헌신되어져 있는 내적인 영혼들을 완벽하게 보여준다. 성령을 거역하는 그들 육신의 생각의 반역은 그들의 교만에서 나온 반역을 정화시키기 위하여 역사하는 겸손의 훈련이다. 동시에 그들에게 자신들에 대하여 너무 많은 것을 기대할 수 없도록 가르치며, 오직 하나님의 보호를 필요로 하고 그분을 의지하여야 함을 가르친다. 이것 역시 죄의 폭정과 반드시 싸워야 하며 일찌감치 그 참을 수 없는 멍에로부터 해방되어야 한다는 사실을 아직 깨닫지 못하는 대다수의 그리스도인들을 위한 하나의 예증이 된다.

사사기 3:2
이스라엘 자손의 세대 중에 아직 전쟁을 알지 못하는 자에게 그것을 가르쳐 알게 하려하사 남겨두신 열국은

완전해진 영혼들안에 잔존해있는 결점들은 신앙의 초보자들에게 처음부터 조금만 방심하면 정복할 수 없을 만큼 강력해지는 원수와 단호하게 싸워야 할 필요를 가르쳐주어야 한다.

사사기 3:3
블레셋 다섯 방백과 가나안 모든 사람과 시돈 사람과 바알 헤르몬 산에서부터 하맛 어구까지 레바논산에 거하는 히위 사람이라

이 블레셋 방백들은 성령과 거스려 싸우는 육체의 세력의 출현과 폭정의 지배를 완벽하게 나타내고 있다. 시돈 사람들과 히위 사람들은 영혼이 짓는 죄로서 매우 위험한 죄인 간교한 죄들을 가리킨다.

사사기 3:4

남겨두신 이 열국으로 이스라엘을 시험하사 여호와께서 모세로 그들의 열조에게 명하신 명령들을 청종하나 알고자 하셨더라

우리에게 하나님의 법을 행하지 못하도록 방해하는 대적들이 없다면 우리는 하나님의 법을 성취하는 데에 아무런 어려움이 없을 것이다. 이러한 어려움을 통해 우리의 복종과 사랑의 증거를 하나님께 드리게 된다. 하나님의 위대한 종일수록 가장 큰 시험을 당한다.

사사기 3:5
이스라엘 자손은 마침내 가나안 사람과 헷 사람과 아모리 사람과 브리스 사람과 히위 사람과 여부스 사람 사이에 거하여

우리는 우리를 기습적으로 포획하기 위해 깨어 우리를 주시하는 수많은 원수들에게 에워싸여 있다. 마귀는 우리 주위에서 삼킬 자를 찾는 우는 사자같이 으르렁 거리고 있다. 우리가 그분 안에 거하지 않는다면 곧 삼켜지고 말 것이다. 하지만 우리가 하나님 안에서 문을 잠그고 그분만 주목한다면 그들은 우리를 해칠 수 없을 것이다. 우리는 사실 우리의 적과 직접 싸우게 되어 있지 않다. 다만 내주하시는 하나님께 가까이 나아가 고요히 머무르기만 한다면 그와 같은 신실함이 그분으로 하여금 원수들이 도망 갈 수밖에 없게 만드는 것이다.

그러나 대부분의 그리스도인들은 그와 같이 순결하고도 의로운 방법으로 행동하는 대신에 그들 자신을 온갖 고통의 근원인 범죄적인 동맹에 결속시킨다. 그들은 육신의 쾌락과 성령의 생명, 그리스도와 벨리알을 함께 연합시켜서 점차적으로 죄의 종이 되고 세상의 종이 되고야 만다. 우리가 예수 그리스도의 감미로운 지배를 포기할 때에 마귀는 우리의 폭군이 되는 것이다.

사사기 3:7
이스라엘 자손이 여호와 목전에 악을 행하여 자기들의 하나님 여호와를 잊어버리고 바알들과 아세라들을 섬긴지라

하나님에 관한 기억이 우리를 온전하게 만들어주는 것과 똑같이 하나님을 망각하는 것은 우리를 범죄자로 만든다. 하나님은 언제나 마음 속에 현존해 계신다. 그리고 그분은 거기에서 그분의 임재의 달콤함을 맛볼 수 있도록 우리가 그분을 즐거워하게 만드신다. 그러나 우리는 완전한 연합으로 그분 안에 머무르고, 그분에게 점령되는 대신에, 그분의 임재안에 있으면서도 외적인 모습은 그분을 거역하며 살아간다.

사사기 3:8
여호와께서 이스라엘에게 진노하사 그들을 메소보다미아 왕 구산 리사다임의 손에 파셨으므로 이스라엘 자손이 구산 리사다임을 팔 년을 섬겼더니

창조주보다 다른 것을 더 좋아하는 피조물은 이러한 불의로 인하여 바로 그 피조물에 의하여 폭군의 압제를 받는 처벌을 되돌려 받는다.

사사기 3:9
이스라엘 자손이 여호와께 부르짖으매 여호와께서 그들을 위하여 한 구원자를 세워 구원하게 하시니 그는 곧 갈렙의 아우 그나스의 아들 옷니엘이라

하나님께서 우리의 대적위에 우리를 넘기심은 정말 내키지 않는 일이다. 그가 우리위에 그들의 폭정의 제국을 허락하심은 우리가 그분의 도우심을 간절히 찾도록 강권하시는 것이며 우리가 또 그렇게 하자마자 얼마나 빨리 그분은 구원자를 보내시는가! 그분에게는 도움을 요청받기 위하여 기다려야만 하는 것이 괴로운 일로 보여 지며 정녕 도우기를 기뻐하신다.

사사기 3:10
여호와의 신이 그에게 임하셨으므로 그가 이스라엘 사사가 되어 나가서 싸울 때에 여호와께서 메소보다미아 왕 구산 리사다임을 그 손에 붙이시매 웃니엘의 손이 구산 리사다임을 이기니라

본문은 우리를 다스리는 그들이 하나님께로부터 큰 능력을 부여받은 자임을 보여준다.

사사기 3:12
이스라엘 자손이 또 여호와의 목전에 악을 행하니라 이스라엘 자손이 여호와의 목전에 악을 행하므로 여호와께서 모압 왕 에글론

을 강성케 하사 그들을 대적하게 하시매

죄인들은 잠에 빠져 원수와 투쟁하기를 그치고 내면적인 삶을 살지도 않으며, 내주하시는 하나님과의 만남을 위해 문을 닫지 않고 원수의 타격들을 은신처로 삼은 채 계속하여 물질적 차원에서 살아간다. 그들은 하나님의 목전에서 죄를 짓고 그분을 부끄럽게 하기 때문에, 그래서 반복적으로 자기 죄에 타락하므로 그분은 그의 원수들을 얼마동안 강성하게 만들지 않을 수 없게 된다.

사사기 3:13
에글론이 암몬과 아말렉 자손들을 모아가지고 와서 이스라엘을 쳐서 종려나무 성읍을 점령한지라

우리가 어떤 잘못된 것이 들어오도록 허용할 때 그것이 우리를 지배하고 다수의 다른 원수와 연합하므로 문이 열린 것을 보게 되고, 그러므로 우리가 예수 그리스도의 임재를 통하여 획득한 승리를 우리로부터 빼앗아가는 것이 수월해지는 것을 발견한다. 하나님과 그분의 임재의 달콤함을 맛보고 내면적인 평온한 삶 가운데 행하던 영혼이 그 시대의 허무한 것을 즐기느라 하나님을 떠났기 때문에 많은 원수들의 먹이가 되는 것을 보는 것은 슬픈 일이다.

사사기 3:14
이에 이스라엘 자손이 모압 왕 에글론을 십 팔년을 섬기니라

하나님을 떠난 자들의 속박은 매우 길다. 그리고 그분을 떠난 후에 다시 돌아오는 일은 매우 힘들다는 것이다.

사사기 3:17
공물을 모압 왕 에글론에게 바쳤는데 에글론은 심히 비둔한 자이었더라

자기 사랑은 우리의 모든 선한 역사로 인하여 비만해지는 에글론과 같다.

사사기 3:25
그들이 오래 기다려도 왕이 다락문을 열지 아니하는지라 열쇠를 취하여 열고 본즉 자기 주가 이미 죽어 땅에 엎드러졌더라

그가 엎드러짐으로 자기애로부터 벗어났다. 악은 그 악이 드러나게 마련이다. 그가 어떤 사람이었는지 사필귀정으로 귀결된다.

사사기 3:27
그가 이르러서는 에브라임 산지에서 나팔을 불매 이스라엘 자손이 산지에서 그를 따라 내려오니 에훗이 앞서 가며

이 본문은 사역자의 리더십에 관하여 가르치고 있다. 우리는 매사를 옳게 행하는 에훗을 좋아해야 한다. 그는 에글론의 죽음을 재촉하지 않았다. 그렇게 했더라면 자기 사랑은 결코 진멸되지 않았을 것이다. 어떤 일이든지 급히 서두르지 않고, 주님께서 패배시키기 위하여 지정하신 그 날과 그 순간까지 끈기 있게 기다리는 것이 매우 중요하다. 그러나 에훗은 왜 그가 싸워서 이긴 그 승리 후에 이스라엘 자손들을 불러 모았을까?

그 사실이 보여주는 것은, 만약 하나님과의 사적인 거래가 은밀하게 이루어졌다면 하나님의 자녀들을 총체적으로 취급할 필요가 없었을 것이었다. 그들은 마땅히 완벽한 승리를 위하여 겸허와 자기 무가치감의 자리로 내려가야 한다는 말을 들었어야 했다. 현명한 지도자는 행진을 선도해간다. 여기서 우리는 지도자라면 먼저 다른 사람을 인도하기 위하여 겸허의 골짜기로 내려가야 한다는 진리를 배울 수 있다.

사사기 3:28
무리에게 이르되 나를 따르라 여호와께서 너희 대적 모압 사람을 너희의 손에 붙이셨느니라 하매 무리가 에훗을 따라 내려가서 모압 맞은편 요단강 나루를 잡아 지켜 한 사람도 건너지 못하게 하였고

에훗과 같은 지도자는 마땅히 모든 일이 하나님이 행하시는 것이고 내가 하는 것이 아님을 자신이 이끌어가는 사람들에게 보여주어야만 한다. 그는 "내가 왕을 살해할 수 있는 무술을 갖고 있기 때문에 오늘날 우리에게 승리를 가져올 수 있었다."라고 말하지 않았다. 그는 "여호와께서 너희의 원수를 너희의 손에 넘겨주셨다."라고 고백하였다. 우리가 겸손의 길 안에 있는 경험 있는 자의 안내를 성실하게 따라간다면 남아있는 우리의 원수들을 곧 이길 수 있을 것이다.

사사기 3:29
그 때에 모압 사람 일만명 가량을 죽였으니 다 역사요 용사라 한 사람도 피하지 못하였더라

우리의 구원에 대한 가장 강력한 원수들은 자기 사랑 주변에 맴돌고 있다. 자기 사랑이 그 우두머리이다. 최강의 원수를 죽이는 가장 위대한 방법은 정직하고 올바른 의도, 겸손에 대한 사랑, 소유욕 없애기 등이다.

사사기 3:30
그날에 모압 사람이 이스라엘의 수하에 항복하매 그 땅이 팔십 년 동안 태평하였더라

우리의 교만을 배불리 먹이는 그것이 복종되어질 때에 평화가 영혼을 채운다. 우리는 평화가 포로시대보다 훨씬 더 길다는 사실을 알게 된다. 8년 동안의 포로시대는 40년간의 태평시대로 뒤이어진다. 18년과 80년을 비교해 보라. 우리는 여기서 주님의 자비가 크다는 것을 깨닫는다. 평화를 누리는 기간이 전쟁하는 기간보다 길다.

제 4 장

사사기 4:1
에훗의 죽은 후에 이스라엘 자손이 또 여호와의 목전에 악을 행하매

이 백성들은 그들의 종잡을 수 없는 생각으로부터 자신들을 다스려줄 신성한 인도하심을 포기하고 조금씩 조금씩 하나님으로부터 뒤로 물러갔고 마침내 이것이 그들을 여러 가지 올무에 빠지게 만들었다.

사사기 4:2-3
여호와께서 하솔에 도읍한 가나안 왕 야빈의 손에 그들을 파셨는데 그 군대 장관은 이방 하로셋에 거하는 시스라요 야빈 왕은 철병거 구백승이 있어서 이십년 동안 이스라엘 자손을 심히 학대한고로 이스라엘 자손이 여호와께 부르짖었더라

이 행악 때문에 하나님은 그들의 원수에게 지배당하게 만드셨다. 이것은 동요하는 영혼들을 대표하는데 그들이 이미 한 일을 또 하거나 하지 않기를 반복하면서 자신의 삶을 소모하는 것이다. 때때로 그들은 자신들을 이끌어줄 누군가를 발견할 때 기도에 전념하지만 기도를 통해 아무 얘기도 듣지 못하거나 그들이 어떤 어려움에 봉착할 때는 우상숭배나 자기사랑이나 다른 종류의 쾌락에 빠지는 사람들이다. 하나님을 떠나자마자 그들은 원수에게 정복당하고 있는 자기 자신들을 발견한다. 원수들은 계속 지배하고 그들은 계속 노예로 산다. 그들은 자신들이 잃어버린 것을 다시 얻기 위하여 하나님께로 돌아가고 기도한다. 하나님은 즉시 자비를 베풀 준비를 하고 계시며 도움의 손길을 보내신다.

사사기 4:4
그 때에 랍비돗의 아내 여선지 드보라가 이스라엘의 사사가 되었는데

드보라는 그 당시 보통 여인의 직무를 훨씬 뛰어넘는 두 가지 직책을 가지고 있었다. 그는 여선지자로서, 말하자면 모세와 같았으며 신탁을 말하였고 하나님의 뜻을 알게 해주었다. 그는 모세조차 책임이 무거워 감당할 수 없었던 수많은 백성을 재판하는 일을 맡았다. 모세 역시 경건한 사람이었지만 하나님께 도움을 간청해야 했던 것이다.

우리가 말하고자 하는 것은, 여성들이 다른 여성들의 신령한 생활에 대하여 도와주는 것을 볼 때 많은 사람들은 이것을 교만하다고 한다는 것이다. 그러나 그들이 명백하게 잘못된 것은, 그 여성들이 그런 일을 할 수밖에 없는 것은 그 일은 그들이 찾지 않았는데도 하나님의 섭리가운데 보내주신 사람들을 돕기 위해 하나님의 성령을 통해 주어진 사역이기 때문이다. 만약 그들이 온전한 신뢰 가운데서 그분의 명령을 복종하지 않고 겸손을 가장하여 하나님을 대적하였다면 이것이 그녀들을 진짜로 교만하게 만드는 것이다. 오히려 그분의 섭리에 의하여 하나님의 뜻이 분명한데도 불구하고 다른 사람들 돕기를 거절하는 그 사람들은 비록 자기들은 겸손하다고 생각할지 모르나 실제는 숨은 교만과 자기 고집에 의해서 움직이는 사람들인 것이다. 그들이 그렇게 하는 것은 자아에 집착하거나 실패의 두려움에 빠지거나 아니면 하나님의 도우심을 의심했기 때문일 것이다. 그들은 자신을 너무 크게 과장한다. 그리고 그들이 하는 일이 다 성공하기를 원한다. 그것도 그들이 기대했던 방법

대로만 말이다. 반면에 하나님께 모든 것을 포기해버린 영혼들은 성공할 것인가 못할 것인가에 대해서는 염려하지 않는다. 그들은 모든 것을 하나님께 맡긴다. 그들은 염려하지 않는다. 그들은 순간순간 성령과 하나님의 뜻에 의하여 인도받으며 말을 하거나 침묵하거나 간에 오직 그분의 기쁘심을 좇아서 한다.

우리가 영혼들을 돕고자 하는 열망이 있는 한 우리는 아무리 사소한 일을 다루더라도 그 일을 하기에 우리 스스로는 합당하지 못하다는 사실을 늘 인식하여야 한다. 다른 사람들에게 말씀을 전하며 감미로운 느낌에 빠져 있다면 아직 순수한 사역을 할 수 있는 자리에 와 있지 않은 것이다. 그럴 경우 열매는 적을 것이며 우발적일 것이다. 그러나 자아의 추구와 뒤섞이지 않고 지속성과 성실성의 상태만 유지된다면 우리는 바라는 것이 아무것도 없게 될 것이다. 우리는 하나님의 섭리에 의해서 보내주신 분들에게 무엇을 말할지를 생각할 필요도 없이 말하게 된다. 우리는 그 어떤 것을 구하는 감정이 없다. 우리는 도와준다든지 성공한다든지 하는 욕망조차 죽어버렸다. 어떤 일이 발생할 것인가에 대하여도 무관심하다. 하나님은 그가 원하는 것을 우리가 말하기 원하신다. 우리는 말하기 전에 무엇을 말할 것인가를 생각할 수 없다. 말하기 전후에 우리는 묵상하거나 무엇이 말해지고 있는 지에 대하여 회상하지 않는다. 이것이 하나님께서 다른 사람들을 돕도록 부르신 사람들의 진면목인 것이다. 그렇게 행동하기만 하면 그 영혼이 원하는 바를 주지 않고 섭리에 의해서 주는 사람으로 그들의 소명에 대하여 확증할 수 있다.

사사기 4:5
그는 에브라임 산지 라마와 벧엘 사이 드보라의 종려나무 아래 거하였고 이스라엘 자손은 그에게 나아가 재판을 받더라

종려나무 아래 거한다는 것은 자아에 대한 승리로 말미암아 얻은 정착된 평화의 표식이다. 여성들은 그녀가 다른 사람들을 돕기 전에 하나님께로부터 온 특별한 소명을 받아야 하며 그녀는 자기 자아에 대한 완벽한 승리를 얻어내어야만 한다. 그렇지 않으면 그런 사역을 시도하지도 말아야 한다. 그녀는 에브라임 산위에 있었는데 이 산은 온유를 의미한다. 이 사역을 위해서는 온유가 절대적으로 필요하다. 그녀는 벧엘과 라마 사이에 있었는데 그것은 그녀가 정의를 집행함에 있어서 완벽하게 균형된 위치에 있었으며 본성적인 욕망에서 자유로워졌음을 의미한다. 드보라가 앉은 자리는 그녀의 모든 원수들에 대하여 승리했다는 것을 보여준다. 그리고 그 승리의 공을 자기 자신에게 돌리지 않고 하나님께 돌렸다는 의미이다. 왜냐하면 그는 승리의 개선자가 그렇게 하는 것처럼 종려나무 '위에' 앉은 것이 아니고 종려나무의 그늘 '아래'에 있었기 때문이다. 이는 하나님께서 그녀 안에서 그녀에 의하여 승리하셨다는 것을 보여주는 상징이다.

사사기 4:6
드보라가 보내어 아비노암의 아들 바락을 납달리 게데스에서 불러다가 그에게 이르되 이스라엘 하나님 여호와께서 이같이 명하지 아니하셨느냐 이르시기를 너는 납달리 자손과 스불론 자손 일만 명을 거느리고 다볼산으로 가라

이 구절에서 우리가 쉽게 알아볼 수 있는 것은 드보라가 하나님의 백성들을 재판했을 뿐 아니라 그들에 대하여 그분의 뜻을 선포했다는 것이다. 그가 그런 말을 할 수 있었던 권위는 전능자가 그녀의 입술을 통하여 말씀하셨기 때문이다. 이것은 예수 그리스도의 경우에도 마찬가지이다. 그는 권세를 갖고 가르치셨다. 이 권위는 신적인 사명을 부여 받는 자가 갖고 있는 권위였으며, 이 인치심은 자신들을 사도적인 생애로 소개했던 사람들에게서는 발견되지 않는다. 하나님의 택함 받은 지도자는 처음부터 다볼산으로 인도받는다. 그곳은 우리의 영혼이 기도를 통하여 인도받는 거룩한 사랑의 감미로움 속에 있다. 이렇게 기도로 시작한 그들은 잘 성장한다. 이것은 자녀에게 주어지는 신령한 젖이다.

이 놀라운 여인은 군대를 명령한다. 왜냐하면 하나님이 한 인간을 이끌어 가실 때에는 모든 일을 다 할 수 있도록 그의 본래의 자질들을 더욱 풍성하게 만들어 주시기 때문이다. 드보라가 하나님을 영화롭게 하기 위하여 어떻게 진행하였는가? 그는 바락을 지도자로 선택한다. 그녀는 자기 자신의 말로 말하지 않고 이렇게 말한다. "여호와 이스라엘의 하나님이 네게 명령하사 군대를 인솔하게 하신다." 그와 같은 영혼들은 다른 사람들을 인도할 수 있다.

사사기 4:8
바락이 그에게 이르되 당신이 나와 함께 가면 내가 가려니와 당신이 나와 함께 가지 아니하면 나는 가지 않겠노라

바락은 드보라의 은혜의 원수들에 관하여 들었으며 여호와께서 그녀와 함께 계셨음을 알고서는 그의 사명에 대하여, 그리고 여호와께서 드보라와 함께 하심에 대하여 확신하였다. 그는 만약 그녀가 그와 동행하지 않으면 싸우지 않을 것이라고 말한다. 그와 같은 의심은 임무를 부여 받고 파송 받은 사람들에게 있어서는 추천할만한 일인데, 하나님의 성령으로 충만한 사람들과 동행하며, 겸손한 마음으로 그들의 충고를 받는 것이 사명자에게는 유익하기 때문이다.

사사기 4:9
가로되 내가 반드시 너와 함께 가리라 그러나 네가 이제 가는 일로는 영광을 얻지 못하리니 이는 여호와께서 시스라를 여인의 손에 파실 것임이니라 하고 드보라가 일어나 바락과 함께 게데스로 가니라

하나님은 연약한 그릇을 통하여 큰 일 성취하심을 기쁨으로 여기신다. 이는 승리와 영광이 그분의 것이 되게 하려하심 때문이다. 바락은 그 자아가 충분히 죽지는 않았지만 하나님께 속한 승리의 영광을 가로채려 하지는 않았다. 이것은 하나님의 방법과 지혜의 기이함을 알았던 드보라가 바락에게 그분의 승리의 영광에 동참하지 말도록 경고했던 이유이다. 그리고 그 장수(將帥)를 여성의 손에 맡겨두신 이유이다. 오 하나님이여, 당신은 참으로 하나님이시며 특별히 당신의 영광에 대하여는 질투하시는 분이십니다. 오직 당신만이 그 영광을 받기에 합당하시기 때문에 모든 영광은 마땅히 당신에게만 돌려져야 될 것입니다!

드보라는 선지자의 책임과 사사의 책임을 부여받은 뒤에 이제는 군대 장관의 책임을 떠맡는다. 하나님이 그의 손에 붙잡고 계신 도구를 통해 능히 하실 수 없는 일이 무엇이 있겠는가?

사사기 4:14
드보라가 바락에게 이르되 일어나라 이는 여호와께서 시스라를 네 손에 붙이신 날이라 여호와께서 너의 앞서 행하지 아니하시느냐 이에 바락이 일만명을 거느리고 다볼산에서 내려가니

드보라는 바락이 가서 적을 맞기 원한다. 그녀는 말한다. "급히 서두르라 하나님께 당신의 자아를 포기하라" 하나님이 당신의 원수들을 당신의 손 안에 붙여주시는 한 싸움은 생각할 필요조차 없다. 그 때 드보라는 바락을 격려하는데 그 격려는 주위를 에워싸고 있는 수많은 원수들과 싸우기 위해 필요한 것이 아니고 오직 하나님 한 분만을 신뢰하라는 믿음의 격려였다. 다볼산으로부터 내려온 바락은, 예배의 달콤함이 모든 것보다도 더 좋은 것이지만 우리가 하나님의 뜻을 준행하기 위해서는 그 은혜의 자리를 떠나야 될 때가 있다는 사실을 가르쳐 준다. 영혼들이 담대할 때, 하나님은 하늘의 위로를 거두시고 그들의 믿음을 시험하고 정결케 하시기 위해 그들을 싸움 속으로 이끌어 가신다.

사사기 4:16
바락이 그 병거들과 군대를 추격하여 이방 하로셋에 이르니 시스라의 온 군대가 다 칼에 엎드러졌고 남은 자가 없었더라

하나님은 바락이 그의 원수들을 추격하기를 원하신다. 이것이 우리에게 보여주는 것은 하나님은 우리를 게으른 자로 만들기 위해 우리의 원수들을 패배시켜 주시는 분이 아니라는 것이다. 기도는 예수님이 추천하신 바 가장 확실한 무기이다. 깨어서 기도하라. 내 안에 계신 하나님께 집중하는 것과 그분께 지속적으로 드려지는 기도는 우리가 전투준비 태세를 갖출 수 있도록 해줄 것이다.

사사기 4:17
시스라가 도보로 도망하여 겐 사람 헤벨의 아내 야엘의 장막에 이르렀으니 하솔 왕 야빈은 겐 사람 헤벨의 집과 화평이 있음이라

죄는 가장 큰 원수이다. 그 죄는 추격을 당할 때 도피처를 찾는다. 그것은 자신을 맞아들이는 것처럼 보이는 야엘과 같이 완전하고도 하나님께 항복한 영혼을 공격하는데, 그 맞아들임은 다만 그를 죽이기 위해서이다.

사사기 4:21
그가 곤비하여 깊이 잠든지라 헤벨의 아내 야엘이 장막 말뚝을 취하고 손에 방망이를 들고 그에게로 가만히 가서 말뚝을 그 살쩍에 박으매 말뚝이 꿰뚫고 땅에 박히니 시스라가 기절하여 죽으니라

하나님은 그의 영광에 대하여 질투하시는 하나님이시므로

그는 그의 영광을 시스라에게 주지 아니하시며, 비록 드보라는 자아가 충분히 죽은 사람으로 하나님께 속한 영광을 취하여 갈 사람은 아니지만, 그는 백성들이 그들 가운데 있는 이 도량이 큰 여자를 존경할 수도 있기 때문에 드보라에게도 자기의 영광을 주지 않으신다. 그래서 여호와는 그 백성들을 가르치기 원하시는데 그분만이 적들을 죽일 수 있음을 보여주려 하신다. 그는 적들을 도망치게 만들고, 그들의 사령관을 한 여인에게로 인도하는데 그 여인은 외국여인이었으니 그러므로 모든 승리가 하나님께 속한 것이 되게 하셨다.

야엘이 어떻게 시스라를 죽였나? 그는 그의 텐트로부터 굵은 못을 하나 뽑아가지고 왔다. 텐트는 휴식의 표식이다. 다윗이 '오 하나님이시여 주의 장막이 얼마나 아름다운지요' 이렇게 말하였을 때 그는 사실 '당신의 안식이 얼마나 소망스러운지요?'라고 말하고 싶었을 것이다. 하나님의 뜻을 사랑하는 것은 하나님의 안식 안에서 영혼을 강건하게 하는데 이것이 그 못에 의하여 그림처럼 묘사되었다. 그녀는 그 못을 시스라의 머리 위에 박았다. 이것이 우리에게 가르치는 바는 그녀는 죄의 그 뿌리 속을 친 것이다. 그녀는 그 머리를 땅 속에 박았고 그것이 그 땅에 있었다. 왜냐하면 땅으로부터 올라온 죄는 언제나 거기 머물러 있기 때문이다. 그러므로 죄로부터 해방된 영혼은 하늘에 속한 것이라고 불리우고 죄 아래 있는 영혼은 땅에 속한 것이라 불리운다.

사사기 4:23
이와 같이 이 날에 하나님이 가나안 왕 야빈을 이스라엘 자손 앞에 패하게 하신지라

하나님은 이스라엘 자손들을 포로로 삼은 바로 그 사람을 굴욕스럽게 하신다. 오, 오랜 시간동안 죄의 속박에 묶여 탄식하는 가련한 영혼이여! 왜 그대는 당신 자신을 하나님께 포기하며 기도를 통하여 당신 자신을 하나님께 드리지 않는가? 신성한 능력을 통하여 당신은 아무 때라도 당신을 포로로 삼는 그들을 당신 발아래에 둘 수 있을 것이다.

사사기 4:24
이스라엘 자손의 손이 가나안 왕 야빈을 점점 더 이기어서 마침내 가나안 왕 야빈을 진멸하였더라

그분께 항복한 영혼들을 하나님께서 어떻게 다루시는 지는 성경에 잘 나타나있다. 그분은 조금씩 강건하게 하시며 더욱 더 사탄과 죄를 그들 영혼에 복종시키신다. 이러한 일이 느리게 진행되는 까닭은, 만약 하나님이 순간적으로 그 일을 하신다면 아직 연약한 영혼들은 스스로 그 영광을 제 것으로 만들어 다시 타락할 것이기 때문이다. 그래서 그분은 피조물의 연약함 때문에 조금씩 모든 일을 행하시며 마침내는 그 원수를 온전히 파멸에 이르게 하시고, 우리에게 참 평안을 주시는 것이다. 그러나 비록 죄의 속박과는 비교할 수 없겠지만 많은 고통을 겪어야만 한다.

  자기 백성을 그와의 온전한 관계 아래 두시는 하나님은, 우리가 자유롭고자 그분으로부터 뒤로 물러가는 즉시 속박 아래로 떨어진다는 사실을 보여주기 원하신다. 이 백성들은 그들이 우상숭배에 빠졌을 때에 포로로 잡혔었다. 그러나 그들이 자신들의 실수를 인정하고 하나님의 인도하심아래 돌아올 때에 그들을 붙들고 있던 것들로부터 구원받았다. 인간의 불성실함과 변화는 더 나은 방법으로 하나님의 성실하심과 선하심을 나타내 보여주곤 했다.

제 5 장

사사기 5:1-3

이 날에 드보라와 아비노암의 아들 바락이 노래하여 가로되 이스라엘의 두령이 그를 영솔하였고 백성이 즐거이 헌신하였으니 여호와를 찬송하라 너희 왕들아 들으라 방백들아 귀를 기울이라 나 곧 내가 여호와를 노래할 것이요 이스라엘의 하나님 여호와를 찬송하리로다

이 노래를 부를 수 있고 불러야만 하는 그들은 누구인가? 남은 자들로부터 그들을 구별시켰던 그 사람들이 아닌가? 어떻게 그러한가? 하나님의 영광과 하나님의 뜻이 그들에게 달려 있을 때 삶의 위기 가운데서 하나님과 함께 자기 자신을 아끼지 않고 드림으로 그 노래를 부를 수 있게 되었다. 이 사실은 주님의 말씀에 의해서 지지된다. "누구든지 자기 생명을 얻는 자는 잃을 것이요 나를 위하여 자기 생명을 버리는 자마다 그것을 찾을 것이다." 이 말씀이 보여주는 것은 진정한 구원은 세상적인 것에 대한 집착의 상실을 포함하고 있다는 것이다. 하나님은 기꺼이 드리는 자를 원하신다.

우리는 여기서 하나님을 향하여 우리 자신을 포기하는 것에는 어떤 위험도 존재하지 않는다는 결론을 끌어내어야만 한다. 그는 결코 사랑의 행위에 의해서 패배 당하지는 않는다. 우리가 그분께 더 큰 위험을 감수하면 할수록 우리는 그분 안에서 더 큰 구원과 완전함을 발견할 수 있게 된다.

사사기 5:5
산들이 여호와 앞에서 진동하니 저 시내산도 이스라엘 하나님 여호와 앞에서 진동하였도다

이 구절은 지식의 최고봉이 하나님 앞에서는 사라진다는 것과 습득된 것들도 없어지고 만다는 것을 가르쳐준다. 이것은 잃어버리는 것과는 거리가 멀다. 그것은 얻는 것이다. 왜냐하면 그것은 이스라엘의 하나님이 오신다는 표식이기 때문이다. 그분 앞에서 살아남을 수 있는 것은 아무것도 없다. 이것 때문에 탄식하기보다는 우리는 사도 바울과 같이 이렇게 말하여야 할 것이다. "그리스도를 위하여 내가 얻은 그것들을 해로 여기

겠노라."

이 구절은 또한 개심한 죄인들에게 무슨 일이 일어났는가를 설명해줄 수 있다. 하나님이 이러한 죄인들에게 생명을 주기 위하여 나타났을 때 산처럼 높아 보이는 그의 축적된 죄가 일시에 없어지고 흔적조차 남아있지 않다는 사실을 보여준다.

사사기 5:6
아낫의 아들 삼갈의 날에 또는 야엘의 날에는 대로가 비었고 행인들은 소로로 다녔도다

회심 전의 죄인들은 의의 대로를 달리지 않은 채 방치해 둔다. 그들은 불의의 길로 뛰어다니며 점령당하지 않는 샛길로 걷는다.

사사기 5:7
이스라엘에 관원이 그치고 그쳤더니 나 드보라가 일어났고 내가 일어나서 이스라엘의 어미가 되었도다

드보라가 어떻게 일어났는가? 그녀는 하나님의 백성들에게 다시 생명을 부어주는 어머니가 될 수 있기 위하여 궐기했다. 이와 같이하여 함께 멀리 나아간 그 사람들은 어머니의 자질을 소유하게 된다. 그들은 그들이 감독하는 영혼들을 그들에게 나누어 주신 은혜를 통하여 그들 가슴 안에 품고 다니는 것처럼 보여 진다. 그들은 친 어머니와 같이 그들을 사랑하며 인도한다.

사사기 5:10
흰 나귀를 탄 자들, 귀한 화문석에 앉은 자들, 길에 행하는 자들아 선파할지어다

여기서 흰 당나귀 위에 타고 있는 그 사람들은 하나님에 관하여 가장 경탄스러운 것을 말하여야 마땅할 것이다. 이것은 무엇을 말하는가? 단순히 이것이다. 하나님께서 그의 능력을 통해 모든 원수들을 멸망케 한 그 사람들이 깨끗함을 받은 그들의 본성적인 것 그 이상으로 어린양의 피 안에서 희어졌다는 것을 말한다. 그들이 당나귀를 타고 있는 것은 깨끗함을 받은 육체가 성령께 대한 복종하에서 그렇게 된 것임을 예시한다.

이들은 또한 심판석에 앉아있는데, 그들 안에서 그들을 위하여 모든 것을 행하신 하나님에 대한 전적인 신뢰를 통하여 그들이 완전한 안식을 누리므로 주님의 찬송을 널리 공포한다.

사사기 5:16
네가 양의 우리 가운데 앉아서 목자의 저 부는 소리를 들음은 어찜이뇨 르우벤 시냇가에서 마음에 크게 살핌이 있도다

성령은 드보라를 통하여, 그 영혼을 전적으로 하나님께 의탁하지 못하고 르우벤과 같이 마음에 내키지 않으므로 자신을 포기하는 그런 영혼을 꾸짖으시며 교정할 것을 말씀하신다. 그들은 하나님을 거역하므로 그들 스스로가 분리되었다. 그러나 그들은 자신들 스스로가 보이지 않게 될 것을 두려워해야 할 것이며 그들이 의지하는바 가시적인 도움을 잃어버릴 것이다. 그들은 스스로 포기하고 뒤로 물러간다. 그들은 한 가지를 위해 자신을 포기했지만 다른 것들은 그렇지 못했다. 이렇게 그들은 멀리 나갔지만 더 이상 멀리는 못 갔다. 이와 같은 분열된 마음은 그들 일생의 삶에 말로 표현할 수 없는 고통을 유발시킨다. 사실상 이런 결과는 그들이 하나님을 거역하므로써 주어진 것이라 생각한다. 하나님은 잃어버린 영혼을 그분 안으로 이끌고 또 그렇게 하길 원하신다. 피조물들은 그들이 단순히 전적으로 하나님의 것이 되지 않고 전적으로 자신의 자아 안에 있기 때문에 뒤로 물러나 고난을 당하며 참을 수 없는 고통을 겪게 된다.

제 6 장

사사기 6:2
미디안의 손이 이스라엘을 이긴지라 이스라엘 자손이 미디안을 인하여 산에서 구멍과 굴과 산성을 자기를 위하여 만들었으며

성경은 하나님의 임재의 행복을 맛본 다음 그분을 떠나버리고, 잊어버리고, 그 임재의 연습을 상실한 영혼의 상태를 잘 묘사하고 있다. 점진적으로 하나님께서 과거에 정복하셨던 그 원수들은 순진한 듯한 친절함의 모습으로 다가와 주인이 되려고 한다. 하나님은 여호와의 선하심을 맛보게 하실 만큼 그토록 놀라운 은혜로 총애했던 그 영혼을 잃어버리기 원치 않으시기 때문에 그가 어디에 숨어야 할지 모를 정도로 그의 대적들이 맹렬히 공격하도록 허용하신다. 그 영혼은 산중의 토굴에 숨어 성도의 모본과 묵상에 의해서 살아남으려고 한다. 그 영혼은 그와 같은 강력한 원수들에게 저항하기 위해 엄격한 경건생활의 요새 안에서 피난처를 발견한다. 그러나 안타깝게도 그 영혼의 내적인 피난처를 떠나 그 영혼의 원수들에게 사냥질 당하고 만다.

사사기 6:3-4
이스라엘이 파종한 때면 미디안 사람, 아말렉 사람, 동방 사람이 치러 올라와서 진을 치고 가사에 이르도록 토지 소산을 멸하여 이스라엘 가운데 식물을 남겨두지 아니하며 양이나 소나 나귀도 남기지 아니하니

열려진 포도원과도 같은 내적인 생활을 빼앗겨버린 영혼은 갖가지 종류의 약탈자들에게는 노출되어 있는 반면, 내재적으로 하나님과 함께 숨어있는 영혼은 정복될 수 없는 요새로서, 그의 원수들의 적의(敵意)에 맞서서 자기의 피난처를 굳게 붙들고 있다. 외면적인 영혼들의 덕행들은 좋은 씨앗과 같지만, 그들은 그 영혼을 이 세상의 것들과 소유욕과 명예와 계속적으로 외향적인 생활에 묶어두는 일단의 이상한 원수들에 의해서 강탈당하게 된다.

사사기 6:7-10

이스라엘 자손이 미디안을 인하여 여호와께 부르짖은 고로 여호와께서 이스라엘 자손에게 한 선지자를 보내사 그들에게 이르되 이스라엘 하나님 여호와의 말씀에 내가 너희를 애굽에서 인도하여 내며 너희를 그 종 되었던 집에서 나오게 하여 애굽 사람의 손과 너희를 학대하는 모든 자의 손에서 너희를 건져내고 그들을 너희 앞에서 쫓아내고 그 땅을 너희에게 주었으며 내가 또 너희에게 이르기를 나는 너희 하나님 여호와니 너희의 거하는 아모리 사람의 땅의 신들을 두려워 말라 하였으나 너희가 내 목소리를 청종치 아니하였느니라 하셨다 하니라

하나님을 경험한 뒤에 그들의 영적 생활을 떠나버린 사람들은 언제나 압도당하며 압제받는다. 그러나 그들은 그분의 사랑의 달콤함을 맛보았기 때문에 포로 생활에 염증을 느껴 그분에게 돌아오기 위하여 달려온다. 그들은 진지한 회개의 표식으로 부르짖는다. 그들 스스로는 어떤 선한 것도 기대할 수 없다는 사실을 깨닫고 도움을 요청한다. 하나님은 즉각적으로 어떤 깨달음이 있는 사람들을 보내주시는데 이들은 그들의 고통의 원인이 단순히 그들이 매순간 하나님의 음성을 들으며 지냈던 영적인 생활을 버렸기 때문에 오는 것임을 보여준다.

하나님의 생명은 권능과 자비로 충만하다. 하나님은 말씀하신다. "내가 너를 구원하지 않았느냐? 너의 죄의 포로된 상태에서와 외적인 활동과 성장으로부터 조차도 구원하지 않았느냐? 나는 너의 가장 위험한 원수들을 쫓아내었으며 너의 영혼을 평안 가운데 붙들어 주었다. 내가 너희에게 말하노라. 나는 너의 하나님 여호와로서 항상 너와 함께 거하고 있다. 네가 나와 함께 있기를 원한다면 두려워하지 말아라. 그러나 내가 네 안에 있었음에도 불구하고 너는 나의 음성을 듣지 아니하였도다."

사사기 6:11
여호와의 사자가 아비에셀 사람 요아스에게 속한 오브라에 이르러 상수리나무 아래 앉으니라 마침 요아스의 아들 기드온이 미디안 사람에게 알리지 아니하려 하여 밀을 포도주 틀에서 타작하더니

기드온처럼 우리가 밀을 타작하는 일, 즉 그분의 말씀을 우리 안에 담아 우리 구원의 대적들로부터 숨겨두기 위해 그 말씀을 묵상하는 일에 분주할 때, 우리는 반드시 하나님의 은총을 얻을 것이며 그분의 보호하심을 입을 것이다.

사사기 6:12
여호와의 사자가 기드온에게 나타나 이르되 큰 용사여 여호와께서 너와 함께 계시도다

하나님께서 그를 찾는 자의 영혼에게 주시는 가장 위대한 은총은 하나님 자신을 그 사람에게 명백하게 나타내신다. 하나님은 우리가 우리의 마음을 주의 말씀을 묵상하는 데에 기울이며 그것을 지속하기 시작하면 주님이 우리와 함께 계시다는 이 놀라운 소식을 다른 사람에게 전하기 위하여 우리를 보내는 일에 결코 실수하지 않는다. 오, 놀라운 축복이여! 그분의 신성한 임재에 의하여 굳세어진 영혼을 위한 모든 축복의 샘이여! 여호와의 사자는 '큰 용사여' 하고 부르시며 용사와 같은 인간의 능력은 하나님의 말씀을 연구하는데 달려있다는 것을 우리에게 보여주신다. 인간의 행동은 그 이상을 뛰어넘지는 못한다. 그 밖에 다른 사람들이 세상적인 것들에 빠져 오락에 탐닉하고 있을 때에 하나님의 말씀을 연구하는 자들은 그 목표에 도달하게 된다.

사사기 6:13

기드온이 그에게 대답하되 나의 주여 여호와께서 우리와 함께 계시면 어찌하여 이 모든 일이 우리에게 미쳤나이까 또 우리 열조가 일찍 우리에게 이르기를 여호와께서 우리를 애굽에서 나오게 하신 것이 아니냐 한 그 모든 이적이 어디 있나이까 이제 여호와께서 우리를 버리사 미디안의 손에 붙이셨나이다

그 사자는 기드온에게 여호와께서 그와 함께 계심을 말해주었다. 그러나 그는 그 백성의 남은 자 중에 있을 뿐이라고 대답한다. 기드온은 대답하기를 마치 그들이 다 포함되었던 것처럼 말한다. 이것은 기드온의 겸손과 동시에 하나님이 우리와 함께 하시면 우리는 원수의 속박아래 있을 수 없다는 사실에 대한 그의 깨달음을 보여준다. 하나님으로서는 하나님 자신의 존귀와 임재를 보호하지 않는다는 것은 불가능한 법이다.

사사기 6:14

여호와께서 그를 돌아보아 가라사대 너는 이 네 힘을 의지하고 가서 이스라엘을 미디안의 손에서 구원하라 내가 너를 보낸 것이 아니냐

여호와께서 하늘에서 한 사람을 내려다보시니 그분의 말씀에 대한 교통(Communication)이 일어나고 있었다. 마리아는 그녀의 찬미에서 그것을 이런 말로 표현하였다. '여호와께서 그 계집종의 비천한 상태를 권고하셨음이니이다.' 이런 방법으로 그분은 기드온에게 모든 일을 행할 수 있게 만들어 주시는 것이다.

사사기 6:15
기드온이 그에게 대답하되 주여 내가 무엇으로 이스라엘을 구원하리이까 보소서 나의 집은 므낫세 중에 극히 약하고 나는 내 아비 집에서 제일 작은 자니이다

마음이 겸손하고 그러나 그분 안에서 살아있는 사람은 자신을 무가치한 존재로 여겨 신성한 사명을 거부하고 있다. 그와 같이 활동적인 덕은 멀리 나갈 것이다. 그러나 자기 자아에 대하여 이미 죽은 사람은 아무런 저항을 하지 않는데 이는 자기 자신 안에는 그 어떤 것도 기대할 만한 것이 없기 때문이다. 그는 하나님은 그분의 의도와 그분의 뜻을 수행하기 위하여 우리 자신의 어떤 힘도 필요로 하지 않는다는 것을 알고 있다. 하나님께서 스스로 자족하시는 분이시다. 그러므로 단지 가장 연약한 그릇도 가장 강한 자와 똑같이 그분의 목적을 이룰 수 있는 것이다.

사사기 6:16-17
여호와께서 그에게 이르시되 내가 반드시 너와 함께 하리니 네가 미디안 사람 치기를 한 사람을 치듯 하리라 기드온이 그에게 대답하되 내가 주께 은혜를 얻었사오면 나와 말씀하신 이가 주 되시는 표징을 내게 보이소서

그러나 우리가 아무리 연약할지라도 주님께서 우리와 함께 하시자마자 우리는 넉넉한 능력을 구비하게 된다. 하지만 자아에 대한 진정한 죽음을 통하지 않고는 겸손도 있을 수 없다는 것을 보여주기 위하여 기드온의 겸손은 불신으로 변하여 표적을 요구하게 되는 것이다. 진짜 겸손한 사람이라면 자기 스스로의 어떤 성공을 추구하고 있는 것이 아니기 때문에 자기 자아에 대하여는 완전히 죽고 한 말씀도 거스리지 않고 맹목적으로 복종하게 된다. 이런 영혼은 그가 승리할 때와 똑같이 패배하였을 때에도 만족한다. 그는 오직 복종하는 것만 생각한다. 보통 사람들은 대담무쌍한 일을 수행하는데 있어서 당황하게 되지 않도록 확실성을 요구하게 된다. 그러나 생각해보자. 우리가 하나님을 모시고 있는 것보다 더 큰 어떤 확실성을 소유할 수 있겠는가? 그 외의 모든 것은 다 그 아래 있는 것이다. 우리가 실수하는 것은 하나님 외에 다른 것을 원함으로 말미암아 발생하는 것이다.

사사기 6:18-20
내가 예물을 가지고 다시 주께로 와서 그것을 주 앞에 드리기까지 이곳을 떠나지 마시기를 원하나이다 그가 가로되 내가 너 돌아오기를 기다리리라 기드온이 가서 염소 새끼 하나를 준비하고 가루 한 에바로 무교 전병을 만들고 고기를 소쿠리에 담고 국을 양푼에 담아서 상수리 나무 아래 그에게로 가져다가 드리매 하나님의 사자가 그에게 이르되 고기와 무교전병을 가져 이 반석 위에 두고 그 위에 국을 쏟으라 기드온이 그대로 하니

기드온은 여호와의 사자를 대접하기 위하여 제물을 준비하기 원한다. 활동적인 사람은 누구나 다 이런 식으로 일을 진행한다. 그들은 자신들의 추론하는 능력을 통하여 여호와를 위하여 무언가를 준비하고 그것이 그분을 기쁘시게 할 것이라고 생각한다. 그러나 진정한 제물이란 주님 앞에 마음을 쏟아 부어 그분의 사랑의 불에 의하여 다 소진되어 버림으로 자신은 아무 것도 남은 것이 없는 것이라는 사실을 배우게 된다.

사사기 6:21-22
여호와의 사자가 손에 잡은 지팡이 끝을 내밀어 고기와 무교전병에 대매 불이 반석에서 나와 고기와 무교전병을 살랐고 여호와의 사자는 떠나서 보이지 아니한지라 기드온이 그가 여호와의 사자인 줄 알고 가로되 슬프도소이다 주 여호와여 내가 여호와의 사자를 대면하여 보았나이다

활동적인 사람들은 최소한도의 비상한 일이 그들에게 나타나기만 하여도 놀라고 두려워하는 모습을 보여준다. 모세는 하나님과 얼굴과 얼굴을 대면하였을 때에도 놀라지 않았지만 기드온은 여호와의 사자만 보고도 놀라고 있는 것이다.

사사기 6:23
여호와께서 그에게 이르시되 너는 안심하라 두려워 말라 죽지 아

니하리라 하시니라

여호와 그분이 안심시키신다. 진정한 환상은 항상 영혼에 평안을 가져다준다. 그러나 환상 그 자체와 함께 평안도 지나가버리고 마는 것이다. 빛이 머물러 있는한 두려워 할 것은 아무것도 없으므로 '두려워하지 말라, 죽지 아니하리라' 하신 것이다.

사사기 6:25
이날 밤에 여호와께서 기드온에게 이르시되 네 아비의 수소 곧 칠년된 둘째 수소를 취하고 네 아비에게 있는 바알의 단을 헐며 단 곁의 아세라 상을 찍고

수송아지는 능력의 상징을 묘사한다. 하나님이 본 절에서 우리에게 가르치는 바는 우리는 우리의 열심의 능력을 사용하여 다른 사람들에게 가기 전에 먼저 우리의 가족에게로 우리가 가장 빚지고 있는 그 사람들에게 찾아갈 것을 가르치고 있다. 바울은 집사의 자격 중에서 가족을 돌아보아야 하는 이점에 관하여 자기를 검증할 것을 원했다. 자기 부정으로서 그와 같은 질문을 통해서 우리가 배울 수 있는 것은, 우리 자신의 생활 안에서 먼저 시작해야 된다는 사실과 진정한 메신저라면 자신이 메지 않았던 멍에를 다른 사람들에게 지워서는 안 된다는 점이다.

사사기 6:26
또 이 견고한 성 위에 네 하나님 여호와를 위하여 규례대로 한 단을 쌓고 그 둘째 수소를 취하여 네가 찍은 아세라나무로 번제를 드릴지니라

기드온은 그가 오직 하나님 한분께만 제물을 드리고 사자에게 드려서는 안 된다는 것을 가르침 받는다. 이것이 우리에게 보여주는 바는 우리는 오직 그분과 함께 머물고 있으면서, 그 은사를 소홀히 여기지 말고 그것을 주신 분에게 되돌려 드려야만 한다는 사실이다.

사사기 6:27
이에 기드온이 종 열을 데리고 여호와의 말씀하신 대로 행하되 아비의 가족과 그 성읍 사람들을 두려워하므로 이 일을 감히 백주에

행하지 못하고 밤에 행하니라

　가능한한 우리는 선한 행실을 감추어야 할 것인데, 그 선한 행실이 자기 사랑과 가장(假裝)으로, 그들을 쓸모없는 존재로 만들 것이기 때문이다.

사사기 6:29
서로 물어 가로되 이것이 누구의 소위인고 하고 그들이 캐어 물은 후에 가로되 요아스의 아들 기드온이 이를 행하였도다 하고

　성령의 인도하심에 의하여 우리와 또 다른 사람 안에 있는 자기 사랑을 파괴시키는 작업을 하자마자 우리는 박해를 예상해야 하는데 이는 사람이 희생제물을 드리는 우상 때문이다.

사사기 6:31
그 날에 기드온을 여룹바알이라 하였으니 이는 그가 바알의 단을 훼파하였은즉 바알이 더불어 쟁론할 것이라 함이었더라

우리가 여기에서 보는 것은 여호와의 종들이 잠깐 동안 핍박을 받을지라도 하나님은 아주 간단한 방법으로 그들을 보호하신다는 것과, 비록 악인들이 잠시 동안 형통할지 몰라도 그분은 조만간 그분을 부끄럽게 여기는 그 사람들에게 보복하신다는 점이다.

사사기 6:34-38

여호와의 신이 기드온에게 강림하시니 기드온이 나팔을 불매 아비에셀 족속이 다 모여서 그를 좇고 기드온이 또 사자를 온 므낫세에 두루 보내매 그들도 모여서 그를 좇고 또 사자를 아셀과 스불론과 납달리에 보내매 그 무리도 올라와서 그를 영접하더라 기드온이 하나님께 여짜오되 주께서 이미 말씀하심 같이 내 손으로 이스라엘을 구원하려 하시거든 보소서 내가 양털 한 뭉치를 타작마당에 두리니 이슬이 양털에만 있고 사면 땅은 마르면 주께서 이미 말씀하심 같이 내 손으로 이스라엘을 구원하실 줄 내가 알겠나이다 하였더니 그대로 된지라 이튿날 기드온이 일찌기 일어나서 양털을 취하여 이슬을 짜니 물이 그릇에 가득하더라

여호와의 신이 양털위에만 온 것은 기드온이 능력 있는 방법에만 몰두하였기 때문이나 하나님의 신은 그와 같이 그 어떤 것을 주입시키는 방법으로 그에게 주어지지 않았다. 어떤 사람들은 성령을 그들의 중심에 받아들이는 반면에, 또 다른 사람들은 그들의 감각을 통하여 능력 있는 방법으로 성령을 받아들인다. 그와 같이 기드온은 하나님으로부터 오는 표적을 구하였고 증거를 구하였다. 만약 다른 사람들을 돕기 위하여 계시의 빛을 의지하는 영혼들을 사용하기를 기뻐한다면 그들은 수많은 확증과 손으로 만질 수 있는 증거를 필요로 하게 될 것이다. 하나님의 선하심은 너무나도 크기 때문에 그들 스스로의 취약점 가운데 있는 피조물이 감당할 수 없는 것이다. 그분의 말씀보다 더 불완전한 증거를 믿는 것보다 하나님을 더 모욕하는 것이 어디에 달리 있을 수 있겠는가? 그럼에도 불구하고 대부분의 사람들이 이런 실수를 범한다. 그들은 내면에 감추어져 있는 순결하고 벌거벗은 믿음과 하나님으로부터 오는 유효한 말씀에 대하여 어떤 눈에 보이는 것으로 나타나는 증거를 더 좋아하지만 여기에는 많은 함정이 도사리고 있다. 그럼에도 불구하고 이런 사람들의 연약한 점들을 정중히 취급하기 위하여 종종 그들이 원하는 것을 그들에게 허락하시는데, 이는 그분이 그들에게 하기 원하는 것을 할 수 있도록 마음을 감동시키기 위해서이다.

사사기 6:39

기드온이 또 하나님께 여짜오되 주여 내게 진노하지 마옵소서 내가 이번만 말하리이다 구하옵나니 나로 다시 한번 양털로 시험하게 하소서 양털만 마르고 사면 땅에는 다 이슬이 있게 하옵소서 하였더니

그런데 이러한 영혼들은 한 가지 증거만으로는 만족할 수 없다. 그들은 오직 어떤 확증만 가지고 행동하기 때문에 여러 가지 표적들을 요구하는 것이다. 반면에 오직 믿음에 의해서 움직이는 영혼들은 이러한 하나님의 말씀이라는 독특한 지원만을 필요로 하며, 믿음의 말씀은 불확실성의 한복판에서 그들의 전적인 확실성이 되고 있는 것이다. 더 많은 증거가 부족할 때에 오히려 믿음은 커진다. 확실한 것이 더욱 많을수록 우리는 확신이 없어지는 것이다.

제 7 장

사사기 7:1-2

여룹바알이라 하는 기드온과 그를 좇은 모든 백성이 일찌기 일어나서 하롯샘 곁에 진 쳤고 미디안의 진은 그들의 북편이요 모레산 앞 골짜기에 있었더라 여호와께서 기드온에게 이르시되 너를 좇은 백성이 너무 많은즉 내가 그들의 손에 미디안 사람을 붙이지 아니하리니 이는 이스라엘이 나를 거스려 자긍하기를 내 손이 나를 구원하였다 할까 함이니라

기드온과 함께한 그 백성들은 그러한 영혼들이 지니고 있고 채우고 있는, 한 사람의 자아 안에 있는 자연적이고 초자연적인 재능 안에 있는 수많은 은사들 은총, 호의들, 빛들, 증거들, 덕행들의 놀라운 묘사로 볼 수 있다. 하나님은 그러한 종류의 군중들로서는 원수들을 이길 수 없을 것임을 기드온이 깨닫게 하신다. 승리를 얻는 것은 인간의 능력에 의해 되는 것이 아니다. 그런데 오 하나님이여 왜 꼭 그래야만 하시나이까? 그분은 그분 스스로 말씀하신다. 이스라엘이 나를 거슬러 그들 스스로 자랑하지 못하게 하기 위해서이다.

사사기 7:3
이제 너는 백성의 귀에 고하여 이르기를 누구든지 두려워서 떠는 자여든 길르앗산에서 떠나 돌아가라 하라 하시니 이에 돌아간 백성이 이만 이천명이요 남은 자가 일만명이었더라

하나님은 두려워 떠는 영혼들은 귀가하도록 명령하시는데 이는 그들이 그들에게 부여받은 은사들을 잃어버리는 것을 대단하게 생각하고 있기 때문이다. 그런 사고방식에 집착하는 사람들은 여호와의 일에 적합하지 않다.

사사기 7:4
여호와께서 또 기드온에게 이르시되 백성이 아직도 많으니 그들을 인도하여 물가로 내려가라 거기서 내가 너를 위하여 그들을 시험하리라 무릇 내가 누구를 가리켜 이르기를 이가 너와 함께 가리라 하면 그는 너와 함께 갈 것이요 내가 누구를 가리켜 이르기를 이

는 너와 함께 가지 말 것이니라 하면 그는 가지 말 것이니라 하신지라

당신은 아직 남아있는 일 만 명이 여전히 너무 많다는 사실을 발견한다. 그렇게 그들이 너무 많은 것은 그들이 고난과 쓰라림의 물가에서 연단 받아야 하기 때문이다. 그들이 붙들고 있고 그 위에서 안주하고 있는 모든 것의 상실이 될 이 연단을 통과할 수 있는 사람은 얼마나 소수인가?

사사기 7:5
이에 백성을 인도하여 물가에 내려가매 여호와께서 기드온에게 이르시되 무릇 개의 핥는 것같이 그 혀로 물을 핥는 자는 너는 따로 세우고 또 무릇 무릎을 꿇고 마시는 자도 그같이 하라 하시더니

"무릎을 꿇는 모든 자들"은 눈에 보이는 각종 신령한 즐거움 위에서 쉬고 있는 수많은 영혼들의 놀라운 그림이다. 이러한 사람들은 여호와의 일에 합당하지 않은데, 그 이유는 그들은 눈에 보이는 신령한 즐거움을 사용하는 그 사람들이 하는 것과 꼭 같이 앞으로 나가려는 대신에 그들이 부딪히고 모든 일을 중단해버리고 거기서 쉬고 더 이상 앞으로 나아가지 않기 때문이다. 이러한 사람들은 무릎 꿇지도 않고 잠깐이라도 쉬려고 멈추지도 않고 "개의 핥는 것같이 물을 핥아 마시는 자"로 잘 대비 되고 있는 것은 무릎 꿇는 것과 휴식하는 것이 그들이 취하고 있는 영적인 즐거움을 보여주고 있기 때문이다.

사사기 7:13-14

기드온이 그곳에 이른즉 어떤 사람이 그 동무에게 꿈을 말하여 이르기를 내가 한 꿈을 꾸었는데 꿈에 보리떡 한 덩어리가 미디안 진으로 굴러 들어와서 한 장막에 이르러 그것을 쳐서 무너뜨려 엎드러뜨리니 곧 쓰러지더라 그 동무가 대답하여 가로되 이는 다른 것이 아니라 이스라엘 사람 요아스의 아들 기드온의 칼날이라 하나님이 미디안과 그 모든 군대를 그의 손에 붙이셨느니라 하더라

성령은 이런 꿈을 해석해준다. 기드온은 떡이었는데 더 튼튼해 고운 밀가루가 아니고 조악한 보리로 만들어진 보리떡이었다. 그러나 이상한 방법으로의 도움과 많은 지원을 빨리 잃어버리게 하시고서는 하나님이 모든 적군의 손으로부터 그들을 구원하실 것이다. 여기서 숯불에 구워지고 땅바닥에 버려진 보리떡은 그의 겸손에 대한 묘사이다.

사사기 7:15-16
기드온이 그 꿈과 해몽하는 말을 듣고 경배하고 이스라엘 진중에 돌아와서 이르되 일어나라 여호와께서 미디안 군대를 너희 손에 붙이셨느니라 하고 삼 백 명을 세 대로 나누고 각 손에 나팔과 빈 항아리를 들리고 항아리 안에는 횃불을 감추게 하고

    기드온이 미디안 군사의 꿈 이야기를 들었을 때 그는 "아무 것도 아닌 것"의 신비를 알았다. 그는 의와 자비의 깊은 비밀 앞에 경배했다. 그들에게 주어진 것은 빈 항아리였다. 이 빈 항아리는 자신의 능력을 상실당해 만들어진 그 영혼의 텅텅 빈 상태를 의미한다. 이 항아리가 흙으로 만들어졌다는 것은 신성한 덕 안에 감추어져 있을 뿐인 우리 본성의 연약함과 본성 그 자체를 대표한다. 항아리 안에서 타오르는 횃불은 인간 본성의 연약함안에 감추어져 있는 하나님의 자애가 뜨겁게 타오르고 있다는 사실을 분명하게 보여준다. 그들은 또한 나팔을 갖고 있었는데 이는 그들의 불행의 심연가운데 하나님의 능력과 의를 공포할 수 있도록 주어진 음성과도 같은 것이었다.

사사기 7:17-18

그들에게 이르되 너희는 나만 보고 나의 하는 대로 하되 내가 그 진 가에 이르러서 하는 대로 너희도 그리하여 나와 나를 좇는 자가 다 나팔을 불거든 너희도 그 진 사면에서 또한 나팔을 불며 이르기를 여호와를 위하라, 기드온을 위하라 하라 하니라

여기서 잠깐 기드온을 극복하기 원한다면 그리고 기드온을 모세와의 병행선상에 끌어온다면 다음 이 한 구절에 의해서 그 차이점을 식별하는 것이 용이할 것이다. 한번 깨끗함을 받고 자아를 철저히 비운 뒤의 모세는 아무리 그 일이 커다란 일일지라도 그가 행하는 무슨 일에서나 결코 그의 자아가 나타난 일이 없다. 그는 모든 영광을 하나님께 돌렸고 그분의 영광을 나누어 갖지 않았다. 이와 반면에 기드온은 그의 승리가 언급되기를 원하였는데 이는 매우 큰 실수였다. 하지만 영혼들의 그러한 연약함에 대하여 굽히시고 참으신 하나님은 그 실수에 대하여 주목하지 않고 오히려 그의 백성들을 구원하기 위한 방편으로 이용하시려는 것처럼 보인다. 그와 반대로 모세가 반석 근처에서 저지른 실수는 매우 작은 것임에도 불구하고 하나님은 심할 정도로 모세를 처벌하셨다. 오, 하나님이시여 당신은 당신께서 통상적으로 완전한 자라고 부르시는 영혼들의 큰 결점은 관용하시는 것처럼 보이시나이다. 그러나 당신이 정녕 기뻐하시는 영혼 안에 있는 가벼운 실수에 대해서는 혹독하게 벌을 내리시는 분으로 보이나이다.

사사기 7:19-22
기드온과 그들을 좇은 일 백 명이 이경 초에 진 가에 이른즉 번병의 체번할 때라 나팔을 불며 손에 가졌던 항아리를 부수니라 세 대가 나팔을 불며 항아리를 부수고 좌수에 횃불을 들고 우수에 나팔을 들어 불며 외쳐 가로되 여호와와 기드온의 칼이여 하고 각기 당처에 서서 그 진을 사면으로 에워싸매 그 온 적군이 달음질하고 부르짖으며 도망하였는데 삼백명이 나팔을 불 때에 여호와께서 그 온 적군으로 동무끼리 칼날로 치게 하시므로 적군이 도망하여 스레라의 벧 싯다에 이르고 또 답밧에 가까운 아벨므홀라의 경계에 이르렀으며

성경 전체에서 피조물의 연약함과 이 피조물을 에워싸고 있는 하나님의 능력에 대하여 이보다 더 잘 설명하고 있는 구절은 찾기 힘들다. 또한 우리 원수들의 패배가 우리의 능력의 도움을 받아 된 것이 아니고 하나님의 선하심에 의하여 된 것을 우리로 하여금 가장 잘 깨닫게 해주는 구절이다. 어떻게 그분은 우리의 원수들을 멸절시키시는가? 그는 빈 항아리를 깨뜨리고 나팔을 불 300명의 용사를 원하셨다. 이 부분이 가르쳐주고 있는 진리는 비록 승리했다고 하더라도 그 항아리 즉 우리의 본성이 깨어지기 전에는 그분의 자애는 언제나 우리 안에 감금되어 있다는 것이다. 그분의 자애가 우리 안에 그 사랑의 밝음과 따뜻함으로 보일 수 있기 위해서 그속의 "텅텅 빔"이 이 항아리를 깨뜨려야만 하는 것이다. 바울은 이 진리를 능력의 탁월함이 하나님의 것이 되고 우리의 것이 되지 않게 하기 위하여 질그릇 속에 이 보배를 갖고 있다고 잘 표현하고 있다.

왜 이 사람들은 나팔을 불고 있는가? 이 사실이 우리에게 가르치는 바는 그분이 우리를 어떻게 취급하시든 간에 나타난 자애의 진정한 결과는 항상 하나님 안에서의 완전한 만족이 될 것이라는 점이다.

제 8 장

사사기 8:1
에브라임 사람들이 기드온에게 이르되 네가 미디안과 싸우러 갈 때에 우리를 부르지 아니하였으니 우리를 이같이 대접함은 어찜이뇨 하고 크게 다투는지라

우리는 하나님에 의해서 선택된 한 사람 모세를 통해 그 백성의 지도자가 될 사람을 본다. 하나님은 그분 자신을 모세와 대화하실 때에 얼굴과 얼굴을 대하여 실체와 실체가 대면하는 방법으로 하셨고 이것을 하나님이 한 영혼을 부르시는 상태로서는 최고의 장엄한 것이었으며 하나님이 자신을 인간과 만나주시는 방법 중 최상이었다.

기드온은 빛의 충만함 가운데 행하였다. 그는 조금 더 진전하였다. 그러나 능력 있는 방법에 의하여 보다 더 고차원적인 교통에 이르지 못하였다. 우리는 여기 모세와 기드온을 이끄시는 방법의 차이점, 그리고 그들의 죽음의 차이점을 보았다. 모세는 언제나 하나님의 은혜를 자기의 것이라고 주장하지 않기 위하여 조심하였다. 그는 영혼들을 돕기 위하여 선택되었으며 탁월한 방법으로 이 일을 수행할 준비가 되어있었다. 비록 그는 성실하였음에도 불구하고 그는 백성을 위하여 한 가지 실수를 범하였는데, 그것이 모세를 그의 업적으로부터 끌어 내린 것이 아니나 그 백성을 그들의 궁극적 목적을 향하여 이끌고 가지 못하게 만들었던 것이다. 그런데도 이러한 실수조차 하나님의 영광을 위하여 필요한 것이었으니, 이를 통해 우리가 그 어떤 것도 모세의 능력 탓으로 돌리지 않고 하나님께만 영광을 돌리게 되는 것이다. 그러므로 그 백성들을 끝까지 인도할 수 없었던 이런 일이 일어났어야만 했었다 하나님은 그의 백성들이 하나님의 능력은 그분 안에만 제한되어 있고 이 능력을 그가 기뻐하시는 대로 나누어 사용했을 뿐인 피조물과는 완전히 독립되어 있다는 사실을 알 수 있게 만들어 주셨다. 만약 그렇지 않았다면 이 버릇없는 백성들은 오직 하나님께만 속해있는 능력을 모세에게 돌려서 모세의 우상을 만들었을 것이다. 여호수아 역시 그의 완벽함이 모세보다는 약간 못하지만 이 범주에 속하는 인물이다. 그런데 기드온은 달랐다. 그는 하나님이 다른 사람을 돕기 위하여 초보적인 다루심이 필요했던 백성들, 그들에게 주어진 증거와 빛과 능력, 혹은 그 능력의 최소한만이라도 자기들 것이라고 주장하는 방법으로 하나님의 일을 하려고 하는 백성들과 함께 있었던 것이 그에겐 화근이었다. 그들의 이러한 주장은 비록 그들이 자신들의 구원은 유지하였을지라도 그들 내면생활의 파멸을 가져왔고 그들 진보의 손실을 가져왔다.

* 9~12장은 빠져있습니다.

제 13 장

사사기 13:7-14

그가 내게 이르기를 보라 네가 잉태하여 아들을 낳으리니 포도주와 독주를 마시지 말며 무릇 부정한 것을 먹지 말라 이 아이는 태에서 나옴으로부터 죽을 날까지 하나님께 바치운 나실인이 됨이라 하더이다 마노아가 여호와께 기도하여 가로되 주여 구하옵나니 주의 보내셨던 하나님의 사람을 우리에게 다시 임하게 하사 그로 우리가 그 낳을 아이에게 어떻게 행할 것을 우리에게 가르치게 하소서 하나님이 마노아의 목소리를 들으시니라 여인이 밭에 앉았을 때에 하나님의 사자가 다시 그에게 임하셨으나 그 남편 마노아는 함께 있지 아니한지라 여인이 급히 달려가서 그 남편에게 고하여 가로되 보소서 전일에 내게 임하였던 사람이 또 내게 나타났나이다 마노아가 일어나 아내를 따라가서 그 사람에게 이르러 그에게 묻되 당신이 이 여인에게 말씀하신 사람이니이까 가라사대 그로라 마노아가 가로되 당신의 말씀대로 되기를 원하나이다 이 아이를 어떻게 기르오며 우리가 그에게 어떻게 행하오리이까 여호와의 사

자가 마노아에게 이르시되 내가 여인에게 말한 것들을 그가 다 삼가서 포도나무의 소산을 먹지 말며 포도주와 독주를 마시지 말며 무릇 부정한 것을 먹지 말아서 내가 그에게 명한 것은 다 지킬 것이니라

우리는 삼손에게서 또 다른 차이점을 발견한다. 그는 그들의 거룩한 행실로서 하나님을 의지하여야할 경건한 백성들의 훌륭한 귀감이 될 수 있기 위하여 많은 것들을 금지하여야만 했다. 비록 그의 능력은 잘 알려졌지만 이제 우리가 곧 보게 되는 바와 같이 그 능력으로 매우 소수의 적들만을 죽였을 뿐이다. 그와 같은 사람의 개인적인 성결함이 그렇게 잘 표현되어진 적은 결코 없었다. 한 사람의 능력은 무엇을 행하거나 생각하느냐에 달려있는데 삼손의 경우 그 머리카락과 관련되어 있었기 때문에 그 머리카락 안에 있는 힘을 빼앗기지 않기 위해 머리카락을 자르거나 제거시키지 않도록 각별한 주의를 기울여야 했었다.

제 14 장

사사기 14:5-6
삼손이 그 부모와 함께 딤나에 내려가서 딤나의 포도원에 이른즉 어린 사자가 그를 맞아 소리 지르는지라 삼손이 여호와의 신에게 크게 감동되어 손에 아무 것도 없어도 그 사자를 염소 새끼를 찢음 같이 찢었으나 그는 그 행한 일을 부모에게도 고하지 아니하였고

이와 같이 경건한 하나님의 사람이 싸워야 했던 첫 번째 원수는 그가 삼킬 대상을 찾고 있는 포효하는 사자와 같은 마귀였다. 이런 사람들은 그들에게 임한 주님의 성령의 능력으로 처음에는 승리한다. 그들은 마치 파리를 잡는 것처럼 마귀를 추격하여 찢어버린다. 그러한 영혼들은 자주 원수와 싸워서 승리를 가져온다. 그들은 오직 성결함으로서 굳세어지고 확립되어진다.

사사기 14:14
삼손이 그들에게 이르되 먹는 자에게서 먹는 것이 나오고 강한 자에게서 단 것이 나왔느니라 그들이 삼일이 되도록 수수께끼를 풀지 못하였더라

  우리는 강한 자에게서 단 것이 나왔다는 본문의 말씀이 꿀을 먹이는 활동적인 사람들, 선한 행실에 의하여 지지 받으며 그들의 활기찬 말씀으로서 그들에게서 듣는 사람들을 양육하는 그런 사람들을 가리키는 것으로 깨닫는다. 이 사람들이 매우 강한 것은 달콤한 것이 나오게 만드는 은혜를 통하여서인데, 즉 하나님의 계획에 따라서 다른 사람들에게 흘러가는 큰 축복이 그 달콤함이다

제 15 장

사사기 15:5
홰에 불을 켜고 그것을 블레셋 사람의 곡식밭으로 몰아 들여서 곡식단과 아직 베지 아니한 곡식과 감람원을 사른지라

삼손이 하는 모든 일은 자기에 대한 관심이 혼합되어있는 열심과 열정으로 촉진되며 비록 하나님이 그것을 그의 원수들의 패망을 위하여 사용하시기는 하지만 그것은 매우 불완전한 것이 될 뿐이다. 따라서 이러한 명백한 노략질과 뛰어난 기사(奇事)도 다만 그의 원수들이 곡식을 수확하지 못하도록 열매만을 망가뜨릴 뿐이며 정작 그의 원수는 죽이지 못한다.

사사기 15:10-11
유다 사람들이 가로되 너희가 어찌하여 올라와서 우리를 치느냐 그들이 대답하되 우리가 올라오기는 삼손을 결박하여 그가 우리에

게 행한 대로 그에게 행하려 함이로라 유다 사람 삼 천 명이 에담 바위 틈에 내려가서 삼손에게 이르되 너는 블레셋 사람이 우리를 관할하는 줄을 알지 못하느냐 네가 어찌하여 우리에게 이같이 행하였느냐 삼손이 그들에게 이르되 그들이 내게 행한 대로 나도 그들에게 행하였노라

일단 마귀가 그의 견고한 진영에 공격을 받으면 즉시 그 피해가 극심해져 상대편의 목자를 공격하기가 불가능해진다. 그러면 마귀는 양떼들을 공격하러 간다. 내재해 계시는 그분은 원수의 새로운 공격에 탄식하신다. 그들은 당황스러워한다. 유혹이 양떼들을 찾아올 때에 그들은 지도자를 대적하여 일어난다.

사사기 15:13
그들이 삼손에게 일러 가로되 아니라 우리가 다만 너를 단단히 결박하여 그들의 손에 붙일 뿐이요 우리가 결단코 너를 죽이지 아니하리라 하고 새 줄 둘로 결박하고 바위 틈에서 그를 끌어 내니라

지도자는 마땅히 죄짓는 일을 제외하고는 이 연약한 영혼들이 원하는 것을 할 수 있는 충분한 사랑의 마음을 품고 있어야

한다. 그것은 때때로 연약한 자를 굳세게 하기 위해, 황공하게도 은혜를 입기 위해, 더욱 완전한 것에 견고하게 서 있기보다는 삼손과 같이 바위로부터 끌어내림을 받아들이는 것이 좋을 때가 종종 있는 것이다.

사사기 15:14
삼손이 레히에 이르매 블레셋 사람이 그에게로 마주 나가며 소리지르는 동시에 여호와의 신의 권능이 삼손에게 임하매 그 팔 위의 줄이 불탄 삼과 같아서 그 결박되었던 손에서 떨어진지라

만약에 지도자가 연약한 자의 연약함에 대하여 참고 있어야 한다면, 하나님은 어려움을 만났을 때 결코 그를 돕지 않으실 것이다. 하나님의 성령을 거슬러 맞서는 것보다 더 강한 결박은 없다. 반역하는 영혼 속에 남아있는 죄의 결박은 하나님에 의해서만 깨뜨려질 수 있다.

사사기 15:15
삼손이 나귀의 새 턱뼈를 보고 손을 내밀어 취하고 그것으로 일천

명을 죽이고

   가장 사악하고 세상적인 것은 때때로 원수들을 파괴시키는 데 있어서 자질 있는 사역자의 손에 의해 자주 사용되어진다. 그럼에도 불구하고 하나님은 그를 사랑하는 자에게 모든 것이 합력하여 선을 이루게 하신다.

사사기 15:16
가로되 나귀의 턱뼈로 한 더미, 두 더미를 쌓았음이여 나귀의 턱뼈로 내가 일 천 명을 죽였도다

   만약 삼손이 겸비하였더라면 이 승리를 자기의 것이라고 주장하지 않았을 것이다. 여기에 자기 스스로를 강한자로 여기는 영혼들과 자기 자신을 감추는 영혼들 사이에 차이점이 있다. 전자는 그들의 승리를 자신의 재능 탓으로 돌리지만 후자는 그 승리를 하나님께 돌리는 것이 그들이 해야 할 일이라고 생각한다.

사사기 15:18
삼손이 심히 목마르므로 여호와께 부르짖어 가로되 주께서 종의

손으로 이 큰 구원을 베푸셨사오나 내가 이제 목말라 죽어서 할례 받지 못한 자의 손에 빠지겠나이다

 조금 전에 그렇게 많은 원수들을 죽인 삼손이 지금은 심히 목말라 목이 타는 듯하였다. 다윗과 같이 하나님 안에서 싸우고 하나님을 자랑하는 자가 결코 목마름을 느끼지 않는 것은 그들이 솟아오르는 샘물로부터 마시고 있기 때문이다. 우리는 더 이상 목마름을 느끼지 않기 위해서 자신의 무가치함에 대한 예민한 감각을 가지고 있어야 한다. 어떤 사람들은 명예에 대하여 쾌락에 대하여 목말라 하지만 신령한 것들에 대하여 목마른 사람은 소수이다. 우리는 때때로 하나님을 멀리 떠나 우리의 목마름을 해결해 보려고 한다. 그리고 다윗과 같이 살아계신 하나님이 주시는 생명수에 목말라 하지 않기 때문에 불모지의 고통에 직면하게 된다.

사사기 15:19
하나님이 레히에 한 우묵한 곳을 터치시니 물이 거기서 솟아나오는지라 삼손이 그것을 마시고 정신이 회복되어 소생하니 그러므로 그 샘 이름은 엔학고레라 이 샘이 레히에 오늘까지 있더라

왜 다른 사람들의 경우와 같이 주님이 그에게 함께 하신다는 것이 그에게는 들려지지 않았을까? 이것은 우리에게 그분과 함께 있기만 하면 모든 것은 생생하고 명확하고 이적적(異蹟的)인 방법으로 역사한다는 사실을 보여준다. 그래서 많은 보상이 그에게 주어지는데 그러나 이 물이 어디에서 온 것인가? 그 물은 하늘에서 온 것이 아니고 이전에 그의 원수들을 참패시켰던 바로 그 방법을 통하여 온 것이다. 이것이 첫째로 보여주는 바는 위로(comfort)는 명백한 것이라는 사실을 보여주며 다음에 자기를 위하여 기적적인 방법으로 역사되어지는 것이라고 주장하는 생각 속에 위로의 샘물이 있다는 것을 보여준다. 완전해진 사람들은 하나님이 그들 안에서 그들을 통하여 역사하신 것에 대하여 생각하지 않는다. 이런 방식으로 그들에게는 외부적인 위로는 없다. 하지만 이 위로는 불완전한 영혼들을 위해서는 필요한 것이다. 그들은 그 위로를 통해 최소한도의 메마름에 의해서도 쓰려져버리는 그들의 힘을 새롭게 갱신한다. 이것은 그들이 기절하지 않도록 막아준다.

사사기 15:20
블레셋 사람의 때에 삼손이 이스라엘 사사로 이 십 년을 지내었더라

삼손이 블레셋 시대에 이스라엘을 사사(士師, Judge)로 다스렸던 것에 대하여 성경이 어떻게 말하고 있는가? 왜 다른 사사의 경우와 같이 그가 사사였다는 것을 말하고 있지 않는가? 하나님이 그들의 원수들의 압제로부터 그 백성을 구원하셨다는 것과 함께 그 백성이 태평을 누렸다는 사실을 왜 말하지 않는가? 이것은 지도자나 사사가 자기 스스로가 하나님의 인도함을 받는 것보다 더 차원 높고 강력한 방법으로 한 영혼을 인도할 수 없다는 사실을 우리로 하여금 깨닫게 해준다. 자아 속에 갇혀 살고 자기 자신으로부터 온전히 해방되지 못한 사람은 다른 사람들을 해방시킬 수 없으며 세상적인 욕망으로부터 자유로워진 사람만이 적절한 방법으로 다른 사람들을 해방시킬 수 있는 것이다. 비록 그들이 선을 행하는데 강할지라도 이 활동적인 사람들은 결코 완전한 자유에로의 길로 사람들을 이끌지 못할 것이다.

제 16 장

사사기 16:1
삼손이 가사에 가서 거기서 한 기생을 보고 그에게로 들어갔더니

그러한 기적적인 행적을 이룬 이후에 삼손의 타락은 이상하다. 이것이 우리에게 가르쳐주는 바는 우리가 자아 안에 머물러 있는 한 우리는 완전함의 가장 높은 정상에서 가장 최악의 비참한 곳으로 떨어질 수 있음을 가르쳐주고 있다.

사사기 16:2
혹이 가사 사람에게 고하여 가로되 삼손이 여기 왔다 하매 곧 그를 에워싸고 밤새도록 성문에 매복하고 밤새도록 종용히 하며 이르기를 새벽이 되거든 그를 죽이리라 하였더라

우리의 구원의 원수는 하나님의 종이 하나님께 죄짓는 그런 방법으로 모험을 감행한다는 소식을 들을 때에 크게 기뻐한다. 비록 처음에는 그들의 영적 생활을 무너뜨리지 못했지만 그 원수 마귀는 그들이 조만간 올무에 빠져들 것이라는 사실을 확신한다. 이러한 사탄의 책략에 관한 명백한 증거가 삼손의 생애 속에 뒤따라오는 일련의 과정 속에 드러나 있다. 마귀가 삼킬 자를 찾는 사자같이 으르렁거리며 배회하고 있다는 것은 진짜 사실이다. 우리가 잠들 때에도 마귀는 깨어있다. 이것이 왜 우리가 죄의 잠에 빠져 들지 말아야하며 하나님이 깨어 지키실 수 있도록 우리가 하나님과 함께 깨어있는 것이 그토록 중요한지의 이유이다.

사사기 16:3

삼손이 밤중까지 누웠다가 그 밤중에 일어나 성문짝들과 두 설주와 빗장을 빼어 그것을 모두 어깨에 메고 헤브론 앞산 꼭대기로 가니라

삼손은 일어나자마자, 그의 첫 번째 힘을 발휘하였을 때와 마찬가지로 기적적인 역사를 행한다.

사사기 16:5
블레셋 사람의 방백들이 그 여인에게로 올라와서 그에게 이르되 삼손을 꾀어서 무엇으로 말미암아 그 큰 힘이 있는지 우리가 어떻게 하면 그를 이기어서 결박하여 곤고케 할 수 있을는지 알아보라 그리하면 우리가 각각 은 일천 일백을 네게 주리라

우리가 우리의 마음을 하나님의 뜻과 어긋나는 방향으로 고정시키고, 우리가 하나님께 대하여 돌려드려야 될 것에 상처를 주면서 피조물에게 그것을 주기 시작하자마자 마귀는 완전한 승리에 대하여 확신하게 된다. 왜냐하면 우리의 보물이 있는 곳에 우리의 마음도 있기 때문이다. 만약 우리의 마음이 하나님 안에 있다면 우리의 보물은 오직 하나님께만 있는 것이지만 만약 우리의 마음이 이 피조물에 있는 한 우리는 피조물을 우상으로 섬기는 자가 되는 것이다. 자기 자신을 부주의하게 위험에 노출시키는 자는 거기서 망하게 될 것이다. 우리는 하나님을 위해 모든 것을 버리고 떠나야 하며 그분을 얻기 위해 모든 것을 잃어버려야 하며 복음서의 충고에 따라 내 생명까지도 버릴 각오가 되어야만 한다.

우리 영혼의 대 원수가 가장 알고 싶어 하는 것은 '우리 힘의 근원이 어디에서 비롯되는가?' 하는 것이다. 그래야 그 급소를 곧바로 찌를 수 있기 때문이다. 모든 성도는 그 점에서 가장 탁월한 어떤 덕목을 갖고 있다. 어떤 사람에게는 그것이 겸손이며 다른 사람에게는 자애심이거나 어떤 사람들에게는 하나님의 손안에 자기 자신을 포기하는 것이다. 마귀는 이러한 우리의 탁월함의 요새를 겨냥한다. 내면적 영적 생활의 준비는 이점에 달려 있다. 포기한 영혼이 그 영혼이 포기한 것을 떠나지 못할 때 그 영혼은 그가 아무리 수많은 다른 덕목들을 나타내 보일지라도 영혼의 균형을 상실하게 되는 것이다.

사사기 16:6
들릴라가 삼손에게 말하되 청컨대 당신의 큰 힘이 무엇으로 말미암아 있으며 어떻게 하면 능히 당신을 결박하여 곤고케 할 수 있을는지 내게 말하라

마귀는 우리를 그의 노예로 만드는데 있어서 우리를 방해하는 것이 무엇인지 찾아내기 위해 우리가 우상화하는 피조물들을 사용한다. 마귀는 그가 우리를 어떻게 결박할 수 있는지 그 방법을 알기 원한다. 말하기는 슬픈 일이지만, 마귀는 그 방법을 곧 알아낸다. 그렇게 너무 미약한 대항은 오히려 우리를 수

치스럽게 타락시켜 큰 상처가 수반되는 올무에 묶어버리는 일에 기여할 뿐이다.

사사기 16:16
날마다 그 말로 그를 재촉하여 조르매 삼손의 마음이 번뇌하여 죽을 지경이라

마귀는 우리의 패배를 획책하며 우리를 붙든 다음, 그의 궤계를 성공시킬 가장 적절한 모든 방도를 모색한다. 일반적으로 그가 사용하는 방법은 계속적이고 특별한 방법인데 바로 기도의 휴식에서 떠나게 만드는 것이다. 그리고는 우리의 마음과 생각을 불안으로 가득 채워 넣는 일에 성공한다. 그러므로 우리가 기도하기를 잃어버리자마자 원수의 올무에 빠져 들어가는 것은 명백한 일이다. 기도는 영혼의 음식이다. 이 신성한 휴식을 통해 영혼은 필요한 에너지를 공급받는 것이다. 이 기도라는 음식을 빼앗아 버려라. 곧 그 영혼은 기절상태, 그것도 치명적인 기절로 빠져들게 될 것이다.

사사기 16:17
삼손이 진정을 토하여 그에게 이르되 내 머리에는 삭도를 대지 아니하였나니 이는 내가 모태에서 하나님의 나실인이 되었음이라 만일 내 머리가 밀리우면 내 힘이 내게서 떠나고 나는 약하여져서 다른 사람과 같으리라

세 번이나 삼손은 들릴라의 배신을 경험하였다. 그럼에도 불구하고 어떤 대가를 지불하고서라도 침묵을 지켜야만 했었던 힘의 비결을 그녀에게 공포해버렸다. 젊을 때부터 하나님께 성별되어온 사람이 이런 이유 때문에 타락으로부터 보호받지 못한 것은 슬픈 일이다. 만약 그가 하나님을 향한 그의 서원을 지켰었다면 그의 능력은 무한대로 지속될 수 있었을 것이다. 그러나 불경스러운 사랑의 면도날이 그 능력을 순식간에 제거해 버렸고 그는 사람들 중 가장 무기력한 존재가 되었다.

사사기 16:18
들릴라가 삼손의 진정을 다 토함을 보고 보내어 블레셋 사람의 방백들을 불러 가로되 삼손이 내게 진정을 토하였으니 이제 한번만 올라 오라 블레셋 방백들이 손에 은을 가지고 여인에게로 올라 오니라

이 여인의 배신은 좀 이상하다. 돈을 위하여 그녀는 사랑하는 사람을 배신하고 가장 치명적인 원수의 손에 넘겨주었다. 대부분의 여인들은 그들의 이익을 위하여 그들의 사랑을 희생시킨다. 돈에 대한 사랑은 너무 강하여 그것이 일어나기만 하면 다른 모든 사랑이 흔들 수 없을 정도로 보다 위에서 사랑을 지배하는 것이다. 오, 나의 하나님이시여 오직 당신만이 인간을 값없이 사랑하시나이다. 이 감사할 줄 모르는 인간들은 감사로 충만한 사랑으로 당신께 갚아드리지 않나이다.

사사기 16:19
들릴라가 삼손으로 자기 무릎을 베고 자게 하고 사람을 불러 그 머리털 일곱 가닥을 밀고 괴롭게 하여본즉 그 힘이 없어졌더라

이와 같이 우리는 우리 자신을 매혹적인 쾌락의 잠에 빠지도록 허락한다. 우리가 사랑의 가슴에 머물고 있다고 생각할 때에 가장 위험한 원수인 들릴라에게서 쉬고 있는 것이다.

삼손의 경우 우리에게 가르치는 바는, 역량있는 한 사람이 갖고 있는 능력이 아무리 클지라도 그는 한순간에 넘어질 수 있으며 사람들 가운데 가장 무력한 자가 될 수 있다는 것이다.

하지만 원수들이 삼손 안에 있던 힘을 빼앗아 갔기 때문에 그의 연약함은 오히려 유익하게 되었다. 삼손의 모든 불행은 하나님께서 그를 위해 행하신 모든 것들을 자기의 것이라고 주장하는 데에서 왔다. 하나님께서 삼손의 힘이 파괴되어지도록 내버려 두신 것은, 그의 체험을 통해 은혜의 도움 없이 그가 행하려고 했던 모든 것이 파멸의 지름길임을 가르쳐주기 위해서였다. 우리의 실수를 통해서만 오직 우리는 완전하게 배울 수 있는 것이다.

사사기 16:20
들릴라가 가로되 삼손이여 블레셋 사람이 당신에게 미쳤느니라 하니 삼손이 잠을 깨며 이르기를 내가 전과 같이 나가서 몸을 떨치리라 하여도 여호와께서 이미 자기를 떠나신 줄을 깨닫지 못하였더라

삼손은 자기가 이전처럼 강하다고 생각했으나 그때도 그는 강한 것이 아닌 약한 자였다. 우리는 때때로 우리의 능력에 대하여 무지하며 생각하기를, 삼손과 마찬가지로 우리가 이전에 행하던 일을 지금도 할 수 있을 거라고 생각한다. 그러나 주님의 성령이 그와 함께 머물렀을 때에만 능력 있는 이적을 행할 수 있었을 뿐, 일단 주님이 그를 버린 뒤로는 그는 진정으로 한 없이 연약함의 나락으로 떨어지게 된다.

성경은 놀랍게 이것을 표현하고 있다. 기록하기를 "여호와께서 그를 떠나신 줄을 알지 못하였더라"고 했다. 우리가 부주의하게 죄의 길에 빠져들어 갈 때에도 우리는 능력이 충만하고 늘 승리할 것이라고 생각하지만, 우리의 무모함 때문에 여호와께서 우리를 버리시면 우리는 연약함으로 떨어질 것이다. 여호와여, '주께서 그를 버리지 않으시고 언제나 여호와께서 그와 함께 계신다' 라고 말할 수 있는 그 사람은 복이 있나이다.

사사기 16:21
블레셋 사람이 그를 잡아 그 눈을 빼고 끌고 가사에 내려가 놋줄로 매고 그로 옥중에서 맷돌을 돌리게 하였더라

본문은 죄로 말미암아 우리에게 초래된 그 상황에 대해 매우 생생하게 묘사하고 있다. 우리는 승리에 찬 생활에서 포로가 되어버렸다. 블레셋을 지배하던 삼손이 그들의 종이 되어 족쇄에 묶였다. 삼손! 당신의 그 용기와 그 능력은 어떻게 된 것인가요? 나귀 턱뼈로 블레셋 사람들을 죽였던 당신이 당신의 감옥에서 나귀와 같이 맷돌을 돌리고 있군요. 당신은 모든 사람들을 굴복시켰었지만 이제 당신은 결박되었네요. 이스라엘을 사사로 다스렸고 그들의 원수로부터 그들을 해방시키기 위해 선택받은 사람이 바로 그 원수들에 의해서 굴복되고 있네요.

첫째로, 그들은 삼손의 두 눈을 뽑아버렸다. 죄의 처음 결과는 우리의 총명의 눈을 어둡게 만드는 것이다. 그 다음에 우리는 매일 매일 무거운 쇠사슬에 결박되어진다. 그러나 주님을 섬김으로 우리는 날마다 더 자유롭게 된다. 날마다 하나님 안에서 우리의 마음은 더 넓혀지고, 반면에 죄 안에서 감옥은 더 좁아진다. 간단히 말하자면, 주님의 멍에는 쉽고 그의 짐은 가볍지만 죄의 멍에는 고통으로 가득한 것뿐이다.

사사기 16:24

백성들도 삼손을 보았으므로 가로되 우리 토지를 헐고 우리 많은 사람을 죽인 원수를 우리의 신이 우리 손에 붙였다 하고 자기 신을 찬송하며

사탄에게는 주님의 종들에게 얻은 승리보다도 그를 더욱 만족시키는 것이 없다. 죄인 한 사람이 회개하고 돌아올 때에 하늘에서 큰 기쁨이 있는 것과 똑같이, 진실된 하나님의 종이 타락할 때에 지옥에는 큰 기쁨이 있는 것이다. 그러나 만약 하나님께서 그의 종들을 그들의 타락에 의해서 겸비하게 되기를 허락하셨다면 그는 결코 그로 인해 그 종들이 잃어버려지도록 내버려 두지는 않을 것이다. 그분은 그들을 과도할 정도로 낮추신 다음에 그들을 일으키신다.

사사기 16:25-28

그들의 마음이 즐거울 때에 이르되 삼손을 불러다가 우리를 위하여 재주를 부리게 하자하고 옥에서 삼손을 불러내매 삼손이 그들을 위하여 재주를 부리니라 그들이 삼손을 두 기둥 사이에 세웠더니 삼손이 자기 손을 붙든 소년에게 이르되 나로 이 집을 버틴 기둥을 찾아서 그것을 의지하게 하라 하니라 그 집에는 남녀가 가득하니 블레셋 모든 방백도 거기 있고 지붕에 있는 남녀도 삼 천 명 가량이라 다 삼손의 재주 부리는 것을 보더라 삼손이 여호와께 부르짖어 가로되 주 여호와여 구하옵나니 나를 생각하옵소서 하나님이여 구하옵나니 이번만 나로 강하게 하사 블레셋 사람이 나의 두 눈을 뺀 원수를 단번에 갚게 하옵소서 하고

비록 잠시 동안 삼손이 그들의 장난감이 되었지만, 그는 곧 원수를 갚기 위해 나선다. 그러나 하나님께서 그에게서 물러가시자 그는 연약함과 죽음 가운데 빠졌다. 하지만 그가 여호와께 부르짖을 때에 그의 처음 힘이 되돌아왔다. 주님, 당신은 마치 육신의 아버지가 그의 도움과 보호를 얻으러 나올 수 있게 하기 위하여 그의 자녀가 넘어지도록 내버려두는 것과 같이 당신의 자녀들이 넘어지도록 허용하셔서 다시금 도움을 얻기 위해 당신 앞에 나오게 만드시나이다!

Jeanne Guyon의 저서들

- 예수 그리스도의 깊이 체험하기
- 크리스천의 성숙의 마지막 단계
- 예수 그리스도와의 친밀함 (순전한 나드 역간)
- 영혼의 폭포수
- 하나님과의 연합 (순전한 나드 역간)
- 잔느 귀용의 자서전
- 잔느 귀용의 주해서
- 창세기 (순전한 나드 역간)
- 출애굽기 (순전한 나드 역간)
- 레위기-민수기-신명기
- 사사기 (순전한 나드 역간)
- 욥기
- 아가서 (순전한 나드 역간)
- 예레미야 (순전한 나드 역간)
- 야고보서-요한일서
- 계시록 (순전한 나드 역간)

그리고 잔느 귀용의 생애 (T,C,Upham저)

사사기
Judges

지은이	잔느 귀용
옮긴이	김수원
초판 발행	2006년 12월 18일
초판 5쇄	2025년 9월 30일
펴낸이	허 철
펴낸곳	도서출판 순전한나드
등록번호	제2023-000033
주소	경기도 부천시 원미구 길주로347 3층 305호 (중동)
도서문의	031)327-6702
홈페이지	www.purenard.co.kr

Printed in Korea
ISBN 89-91455-62-6 03230